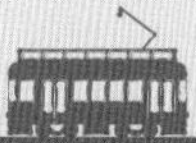

全停留場完全紹介

都電荒川線

沿線ぶらり旅

山下ルミコ 著

路面電車で巡る沿線今昔さんぽ

もくじ

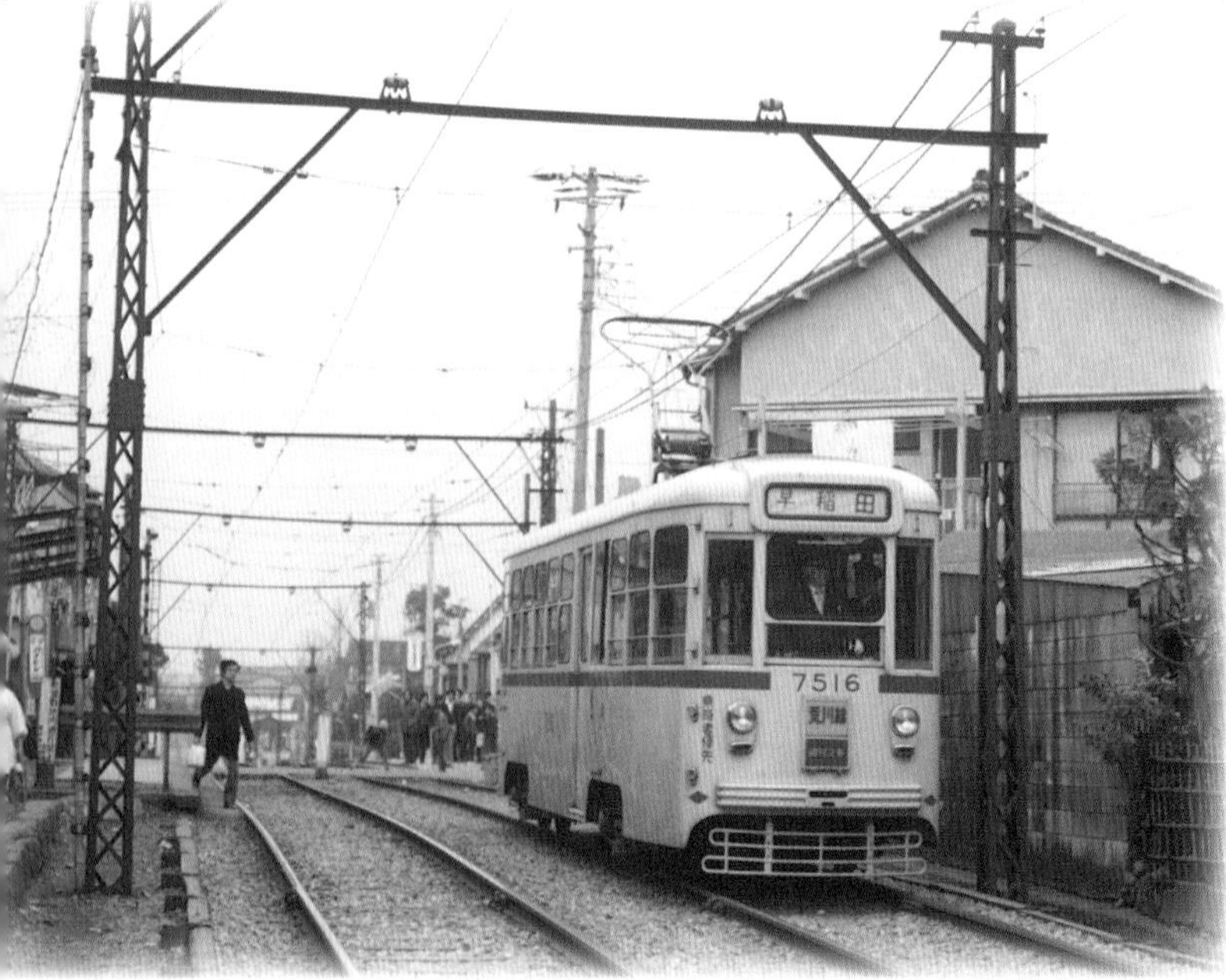

◎鬼子母神前付近　1980(昭和55)年２月27日　撮影：長渡朗

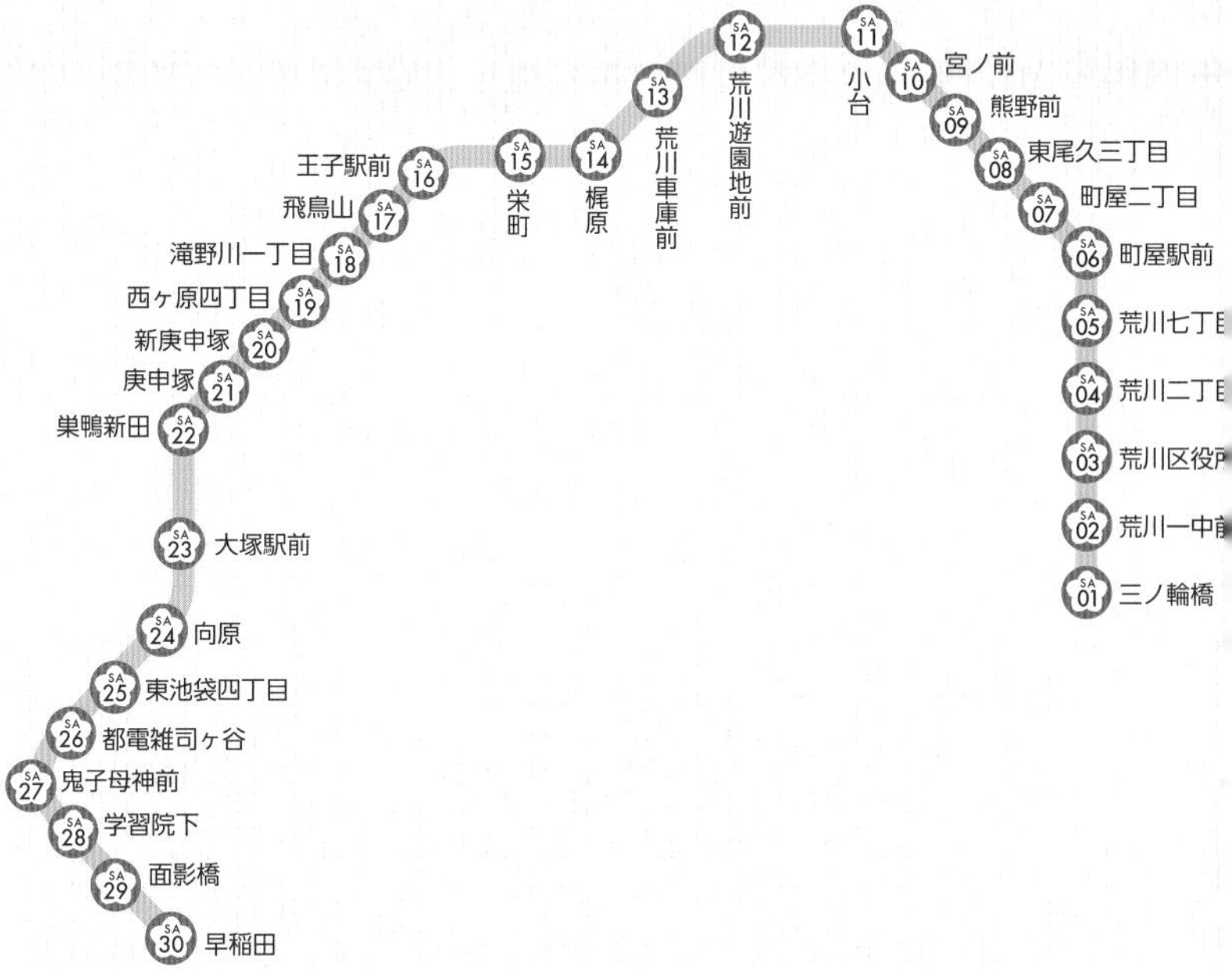

SA 01 三ノ輪橋
SA 02 荒川一中前
SA 03 荒川区役所
SA 04 荒川二丁目
SA 05 荒川七丁目
SA 06 町屋駅前
SA 07 町屋二丁目
SA 08 東尾久三丁目
SA 09 熊野前
SA 10 宮ノ前
SA 11 小台
SA 12 荒川遊園地前
SA 13 荒川車庫前
SA 14 梶原
SA 15 栄町
SA 16 王子駅前
SA 17 飛鳥山
SA 18 滝野川一丁目
SA 19 西ヶ原四丁目
SA 20 新庚申塚
SA 21 庚申塚
SA 22 巣鴨新田
SA 23 大塚駅前
SA 24 向原
SA 25 東池袋四丁目
SA 26 都電雑司ヶ谷
SA 27 鬼子母神前
SA 28 学習院下
SA 29 面影橋
SA 30 早稲田

ひとりぼっちになった荒川線

長い間親しまれてきた赤帯のチンチン電車は、
惜しまれながら最後の路線を走った。
この電車は戦後まもなく新造された6000形で、
歴史があるだけにファンが多い。
しかし、ワンマン化に伴い6000形は、
車掌の歴史と共に表舞台から去ることになったのだ。

荒川線の前身は王子電気軌道の電車で、
通称・王電で親しまれた。
沿線に住む年配者の中には今でも都電を「王電」と呼ぶ人もいる。
日光街道から三ノ輪橋停留場へ抜ける王電ビル入口には、
「元王電入口」と書かれた電飾看板が長く掲げられていた。

東京市へ譲渡された王電は「市電」に変わる。
さらに東京都制の施行により市電は「都電」となった。
この頃になると戦争が激しくなり、
都電は営業所や車両を焼失、軌道の損傷など多大な被害を被った。
だが荒川線は運良く戦火を免れ、復旧した都電は焼跡の都心でも活躍した。

戦後、都民の主要な足となった都電は、
昭和30年代にかけて全盛期を迎えたが、
やがてモータリゼーションの波が押し寄せ、
都電は静かに「廃止」への道を歩み始める。
そして、そのほとんどが専用軌道を走る荒川線を残し、
他のすべての路線は廃止になってしまった。

存続の条件としてワンマンカーになった荒川線……。
地域の人や都電ファンの愛に守られ、
きょうものんびりマイペースで走っている。

荒川線のあゆみ

地域の足であり、旅気分も味わえる都電荒川線。

それは馬車鉄道から始まった。

東京の公共交通は、1869(明治2)年に営業を許可された乗合馬車から始まる。馬車は定期便となり、新橋〜浅草間や品川〜新宿間を走ったが、当時は道路が舗装されずガタガタと音を立てて走り、乗り心地も悪く、「ガタクリ馬車」とか「ガタ馬車」と呼ばれた。また、客寄せのために派手にラッパを吹き鳴らして走った。これを落語家の4代目橘家圓太郎が高座で真似をして人気を博し、馬車は「円太郎馬車」や、単に「円太郎」と呼ばれるようになった。

この乗合馬車がレールの上を走るようになるのは、東京馬車鉄道株式会社が設立された後の、1882(明治15)年からだ。英国から輸入された2頭立ての馬車は、25人ほどの客を乗せて線路の上を走り、路線もどんどん延長されて行った。この時に採用された4フィート6インチ(約1・372メートル)の軌間は、その後、東京の市電・都電にも引き継がれている。

乗合馬車に比べると乗り心地も雲泥の差の馬車鉄道は、1899(明治31)年には、品川〜新橋〜日本橋〜上野〜浅草間がつながった。全盛時には馬車が300台、馬は2000頭もいたという。だがこの頃から路面電車が登場し、隆盛を誇って来た馬車鉄道も衰微の運命を辿ることになる。

民営から公営になった路面電車

日本に最初の路面電車が登場したのは1890（明治23）年、上野公園で開かれた博覧会のアトラクションでのことだ。2両の小さな電車が400メートルほどの線路を走り、馬も引かず、煙を吐く機関車でもない乗物は大評判になった。これを機に全国で電車熱が高まり、最初に営業を実現させたのは、1895（明治28）年開通の京都の路面電車だった。そしてこれを皮切りに各地で「電車」が開業された。

東京は全国で8番目。東京馬車鉄道会社が1903（明治36）に東京電車鉄道会社と改称し、品川〜新橋間で、自前のレールの上を走らせた。次いで東京市街鉄道会社が数寄屋橋〜神田橋間を開通させ、また、東京電気鉄道会社も土橋〜お茶の水間を開通させた。この3社競合時代はしばらく続くが、1906（明治39）年、3社は経営合理化を目的に合弁して東京鉄道会社となる。

だがこの民間経営は運賃の値上げ問題などで市民の反発を招き、東京市は公営化を模索。1911（明治44）年、ついに東京市がこれを買収し、路面電車は東京市電気局の管轄事業となった。

かつては41系統の都電が走った

ところで1906（明治39）年は、荒川線の前身となる王子電気軌道株式会社が設立された年でもある。5年後の1911（明治44）年に大塚〜飛鳥山間の大塚線が営業を開始し、次いで1913（大正2）年に飛鳥山下（現・栄町）〜三ノ輪間が開通。これが都電荒川線の歴史の始まりである。

その後、営業区間は徐々に延長され、当時は省線と呼ばれていたJR東北線の王子駅付近の高架化に伴って、王子電車は早稲田から三ノ輪橋までがつながった。これにより尾久や三河島、町屋といった地域もだんだん市街地化していき、近郊農村だった荒川区域は商業・工業化が進み、街並みも変わっていった。さらに、王子電車は、王子〜赤羽間を開業し、沿線の宅地開発を計画した。郊外に鉄道や軌道を敷いたあとで、沿線開発をするのが、当時流行のビジネスモデルだった。

初めは飛鳥山や鬼子母神への観光用の郊外電車としてスタートした王子電車も、地域の発展に伴い、市街電車として近隣の人たちの重要な足となっていった。

日本が太平洋戦争に突入すると、交通機関に対しての統制が強化され、全国各地で私鉄やバス路線の統廃合が行われる。そして1942(昭和17)年、王子電車は市電に統合され、翌年、東京都制の施行で東京市が東京都になったのに伴い、「都電」に改称された。

1945(昭和20)年に敗戦を迎えるまで、都電は相次ぐ空襲で壊滅的な被害を被ったが、戦後の復旧はめざましかった。昭和20年代も後半になると新型の車両も次々登場。その後、41系統の都電が、東京都内に網の目のごとく張り巡らした352キロの路線を走り廻った。最盛時の一日の乗客は600万人を超えていたという。

東京で唯一残された荒川線

その都電もやがて新しい時代の波に飲み込まれていく。世の中はマイカーが脚光を浴び、さらにバスや地下鉄やタクシーなど各種の交通機関との競合が激化。都電は交通渋滞を招く元凶として邪魔者扱いを受けるようになり、その廃止が望まれるようになる。そこで東京都交通局は1967（昭和42）年に都電撤去5カ年計画を打ち出し、都内の路線は次々と廃止されていった。

旧王子電車の路線も、廃止計画に組み入れられたが、沿線住民の強い要望や都電を惜しむ都民の声も功を奏し、路面との併用軌道であった王子駅前〜赤羽間を除いて廃止を免れた。そして1974（昭和49）年に三ノ輪橋〜王子駅前の27系統と荒川車庫〜早稲田の32系統を統合して「荒川線」と改名、永久存続が打ち出された。ほとんどが、専用軌道を走るため、渋滞とは無関係だったのである。

存続のためにワンマンカーに！

とはいえ、一路線存続のための維持費用は予想以上に高くつき、それまでの40億円に及ぶ累積赤字もあり、以後、荒川線を存続させるための策として、車掌廃止によるワンマン化に踏み切らざるを得なかった。そしてついに1977（昭和52）年10月から順次ワンマンカーに切り替えられ、1978（昭和53）年3月31日をもってすべてがワンマンカーとなった。これに伴い各停留場に上屋を設けたり、安全地帯をかさ上げしたりなど諸施設の大幅な改善も行われた。また、荒川線新装記念行事として華々しく花電車が運行された。

東京に残る唯一の都電荒川線は、三ノ輪橋〜早稲田間の12・2キロ、荒川・北・豊島・新宿の4つの区にまたがる30の停留場を、表定速度13・1キロで56分かけて走る。地域の足であり、旅気分も味わえるので観光客にも人気だ。2017（平成29）年には、都電の魅力を国内外に広くアピールするために、愛称（東京さくらトラム）も採用され、現在に至っている。

国の重要文化財になった「円太郎バス」

円太郎バスとは、関東大震災によって壊滅的な被害を受けた東京市電(路面電車)の代替として、アメリカ(フォード社)から購入した800両の車輌の愛称で、日本最初の公営乗合自動車である。現存する最古の車輌として、現在、東京都交通局が所蔵するもので、「円太郎バス」として唯一残っているものだ(写真①)。

このバスは、「都市の公共交通手段のきっかけになった、交通史上、社会史上にも貴重な乗物」としても評価され、令和2年3月19日に国の重要文化財に指定された。自動車としては初の指定になる。

名前の「円太郎」は、明治の落語家橘家圓太郎(1845〜1898)に由来するもの。当時ガタガタと走っていた乗合馬車の馬丁が吹くラッパの物まねを圓太郎が面白おかしく高座で披露してバカ受け。以来、東京の乗合馬車は「円太郎馬車」と呼ばれるようになった。

震災後に間に合わせで造られた粗末な円太郎バスは、その馬車に似ていたことから「円太郎バス」と呼ばれた。とはいえ、円太郎バスは東京の復興を支えただけでなく、後年、日本各地の都市で運行される路線バスの先駆けとしての役目も果たしている。

11人乗りワンマンカーで車体寸法は、全長 4メートル63センチ、全幅1メートル57センチ、全高2メートル26センチ。

2011(平成23)年の7月から9月まで、都営交通100周年記念事業の一環として東京都江戸東京博物館で実施された「東京の交通100年博」に展示されたこともある(写真②)。

①東京都交通局が所蔵する日本最初の公営乗合自動車「円太郎バス」。現存する最古の車輌で、「円太郎バス」として唯一残っているもの。
提供：東京都交通局

②都営交通100周年記念事業の一環として東京都江戸東京博物館で実施された「東京の交通100年博」に展示された「円太郎バス」。
提供：東京都交通局

ワンマン化を記念して走った花電車

都電荒川線がワンマン運転に切り替わった1978(昭和53)年3月、新装記念行事として花電車が走った。東京交通局の開局以来親しまれてきた6000形は、ワンマン化とともに姿を消し去ることになるので、花電車はこの6000形が主役となった。

車体を大幅に切り取り、オープンカーのように改造した花電車は、テレビ朝日の10チャンネル号、ムーミン号、ライオン歯磨きのムシバラス号、太田道灌の時代人形を乗せた山吹の里号、東京交通局の馬車鉄道号の5両。他に6000形2両、7000形2両が装飾電車で警備先導車として運行された。この頃になると沿線の桜もやっと開き、3月26日から4月10日までの沿線には、お花見気分で約50万人が見物に押しかけた。夜間もライトアップされ、夜の闇に浮き上がる花電車は、また格別の風情があった。

ムーミン号　提供：東京都交通局

山吹の里号　提供：東京都交通局

ライオン歯磨きのムスバラス号
提供：東京都交通局

SA 01

三ノ輪橋

停留場名の三ノ輪橋は、いまは暗渠となっている音無川（石神井川用水）に架かっていた橋に由来する。明治通りと日光街道が交わる大関横丁交差点から北、JR常磐線のガード手前あたりが今も面影が残る跡地だ。ちょうど台東区と荒川区の区境で、そばに両区がそれぞれに説明板を立てている。

ところで、三ノ輪橋停留場近くの日光街道には、かつてもう一つの三ノ輪橋停留場が存在していた。1911（明治44）年、東京鉄道によって設けられたもので、これらは後の都電21系統（千住四丁目〜三ノ輪橋〜上野〜水天宮）、31系統（三ノ輪橋〜浅草橋〜東京駅〜都庁前）の停留場となったが、1969（昭和44）年に廃止された。当然ながら両系統が使用していた三ノ輪電車営業所や車庫もなくなり、現在跡地は都営住宅になっている。

三ノ輪橋付近を走る都電21系統（昭和43年頃）

〝関東の駅百選〟認定され、レトロ調にリニューアルされた電停

都電荒川線の東のターミナルとなる三ノ輪橋停留場は、1913（大正2）年4月に開業した。すぐそばには1927（昭和2）年に落成した王電ビル（現・梅沢写真会館）が未だに残されており、その長い歴史的な価値はいわば〝都電遺産〟とも言える。また、駅と並行して次駅の一中前まで続く「三の輪ジョイフル商店街」の存在もこの停留場の大きな特色だ。周辺にはまだ路地が多く残り、ひと昔前の下町の暮らしがうかがえる。

東京都交通局の案内施設「三ノ輪橋おもいで館」

レトロ調の電停には昭和の懐かしいホーロー看板が…

つるバラのアーチの奥に見える三ノ輪橋停留場

停留場の形態はたびたび変わっており、1978（昭和53）年のワンマン運転時にも改修工事を実施。対向式ホーム2本だった構造が、1本の線路を挟んで乗降ホームを両側に分離した現在の形に整えられた。この時にホームのかさ上げも行われた。

駅前広場には豊富な種類のバラが植えられ、5月や10月の最盛期だけではなく、一年中さまざまな色と香りのバラが咲き誇る。これらは荒川区役所が管理するもので、「荒川バラの会」というボランティアグループが手塩に掛けて育て、沿線随一の華やかな停留場になっている。1997（平成9）年には「関東の駅百選」に認定された。

2007（平成19）年には、9000形の営業運転開始に伴い全面的にリニューアルされ、年配者には懐かしい昭和30年代をイメージしたレトロ調の停留場に生まれ変わった。ちょっと映画のセットのようだが、下町を走る都電の雰囲気にはピッタリ合う。停留場上屋の柱には過去に使用されていた線路が有効活用されているのも面白い。

都電荒川線の始発・終着停留場となる主要駅でもあるので、電停のそばには、東京都交通局の案内施設「三ノ輪橋おもいで館」が建てられている。小さな建物だが、館内には沿線をモチーフにしたジオラマや都営交通の貴重なお宝も展示され、乗車券（都電定期券・回数券・一日乗車券など）やグッズの販売も行われている。

梅沢写真会館（旧王電ビル）

三ノ輪橋電停に隣接する「梅沢写真会館」は、アール・デコ様式が散りばめられた1927（昭和2）年築のモダン建築だ。地元では「王電ビル」の愛称で親しまれているが、これはもともと荒川線の前身だった王子電気軌道（通称・王電）が事務所として使っていたビルだったからだ。1階の通り抜け通路は、日光街道にあった三ノ輪橋電停とを結ぶコンコースの名残りのようだ。当時、日光街道には北千住―水天宮の市電が走っており、王電ビルの前に電停があり、乗り換え客のための通路としても役立った。建物は戦禍をかろうじて免れ、何度か改修はされたが、長い年月の経過を感じさせる風格が漂っている。内部は、昭和10年から入居している梅沢写真会館のスタジオ兼住居だ。「昔、3階は演芸場として使われていたんですよ」と話すのは、現在も写真スタジオとしてを営業されている梅沢公二さん。昭和の懐かしい雰囲気が漂っているスタジオで、いろいろプライベートなお話しも伺った。

「もともとオフィスビルとして建てられていますので、住むには不便なところもあるんです。夏は暑いし、冬は寒いし（笑）。娘たちは早く新しいマンションに住みたがっていますよ」（梅沢さん）

現在、東京都や荒川区から文化財としての保存対象になっていないので、今後のことは梅沢家の意志次第だが、地域の財産としてぜひ残して欲しいものだ。

梅沢写真会館：荒川区南千住1-15-6

現在の梅沢写真会館

現在の梅沢写真会館内スタジオ

3階は演芸場として使われていたこともある。

三ノ輪王電ビル 1940（昭和15）年頃
提供：荒川ふるさと文化館

創業90年以上の下町のパン屋さん「オオムラパン」

揚げ物のおかずがてんこ盛りの「とりふじ」

〝チンチン電車に会える街〟
下町情緒たっぷりの「ジョイフル三の輪商店街」

停留場に隣接する昭和の雰囲気が漂うジョイフル三の輪商店街をブラブラ歩いてみる。

三ノ輪橋から荒川一中前にかけて、都電の線路と並行するアーケード街は、全長約400メートルほどあり、約140軒の店舗が軒を連ねている。商店街のキャッチフレーズは〝チンチン電車に会える街〟。アーケード下の看板には、都電のイラストが描かれており、都電愛の強さが見て取れる。お惣菜店や日用品店、肉屋、魚屋、乾物屋、八百屋など、昔ながらの商店がすべて揃い、コロナ禍にめげず買い物客で賑わっている。都電に乗って買い物に来る人も多いそうだ。

店頭に揚げ物や焼き鳥、総菜がてんこ盛りの総菜店 **「とりふじ」** は、安い、デカい、うまい！で、商店街屈指の人気店だ。焼き鳥やコロッケなど揚げ物のおかずが店頭の台からこぼれそうなほど積まれている。店の奥で90歳を超えるという店主の女性が黙々と働いているのが印象的だった。

その先にあるのが、創業90年以上の下町のパン屋 **「オオムラパン」**。昭和の匂いがするレトロな店構えで、ガラスショーケースに手作りのシンプルな総菜パンが並ぶだけ。一番人気は米ぬか油で揚げたコロッケを挟んだコロッ

鉄道写真家・中井精也さんの店「ゆる鉄画廊」

“紅ショウガの天ぷら”で知られる「きく」

ケパン。キャベツを使わず、パンとコロッケのみという組み合わせも店主の心意気だ。早朝3時から焼かれ、毎日11時30分に店頭に並べる。揚げたてのコロッケパンは、夕方の早い時間には売り切れるし、ソース味が懐かしい焼きそばパンやちょっと甘めのカレーパン、おやつにいいアンドーナツなどがよく売れるそうだ。

店頭に揚げたてを並べる小さな店は天ぷらの店**「きく」**。年配女性2人がこの店の名物・紅ショウガの天ぷらを黙々と揚げている。「紅ショウガの天ぷらは、昭和30年にお客さんに言われてやり出したんです。その方は関西の方で、『東京にはどこにもない！』と言われてね。いまはショウガの天ぷらのほうが有名になってしまって」とオーナーの覚前三枝子さんは笑う。もちろん、他の天ぷらもカラリと揚げられていて美味しい。だが見ていると、ほとんどの人が紅ショウガの天ぷらを買っていく。

鉄道写真家・中井精也氏のギャラリー&ショップ**「ゆる鉄画廊」**もある。「もともと都電の三ノ輪橋が好きで、撮影に来ていて、この商店街の雰囲気も好きだったのでギャラリーを設けました。都電荒川線は、人と鉄道の距離が近い。みんな下駄代わりに乗ってますし、東京の中のローカル線ですね。東京では一番好きな路線です」と中井氏。

荒川線は〝撮り鉄〟の人たちにも人気がある。

「写真だけでなくて、何か食べたり、散歩したり、遊ぶのにもとてもいい

都電カフェ・オーナーの藤田孝久さん

懐かしい鉄道グッズが並ぶ、都電カフェの店内

ホテル・都電屋の看板が目を引く「都電カフェ」

路線だと思う。ボクは東京生まれの東京育ちなので、いわば故郷なんです。できれば、こういう三丁目の夕日みたいな風景がずっと残ればいいな〜と思っています」。そして、「三ノ輪橋〜町屋は区画整理が行われなかったため、線路に沿った広い道がなく、軒先をかすめて走る昔ながらの都電らしい風景が続く。おすすめはこの駅前広場から、2つ先の荒川区役所前まで、細い路地などを歩きながらのフォトさんぽです」とアドバイスしてくれた。

テレビでも取材され、今、注目されているのが、都電マニアの藤田孝久さんが一昨年に開業した**「都電カフェ」**。1階がカフェ、2階がホテル（都電屋）、3階がサイクルジムになっている。人気メニューは牛肉100%パテのホームメイドハンバーガーで、これには「都電バーガー」と名が付いている。

店内はゆとりを持ってレイアウトされ、さまざまな鉄道グッズをディスプレイ。客席には大きなスクリーンが据えられ、車窓風景のビデオが常に流れている。座席に座っていると、まるで電車に乗って窓から外を見ているような錯覚におちいる。特に鉄道好きにはたまらないのが、京浜急行の快速特急や小田急の2代目ロマンスカー、都電のシルバーシートの座席が配されていることだ。もともと時刻表にも造詣が深い藤田さんだけに、本棚には鉄道関連の書籍や時刻表がズラリ。ご自身が制作に関わったという子ども向けの鉄道本・コロタン文庫も並ぶ。

特筆されるのは、都電カフェのドアに描かれている王子電気軌道400形

大関横丁とは、下野黒羽藩主の大関信濃守下屋敷（南千住一丁目1〜8番付近）の南と西を取り囲んでいた道で、南側の道は現在の明治通り。三ノ輪橋付近の明治通りと日光街道の交差点はいまも「大関横丁」と呼ばれている。

のイラストだ。藤田さんはこの木造車両に惚れ込んでいる。その思いは、先日、長崎から小田原に里帰りしてきた同じ400形の旧王電車両にも注がれる。この車両は、東京から小田原へ、小田原から長崎へと譲渡され、1985（昭和60）年頃まで現役車両として活躍していたもの。そして2019（平成31）年3月にさよなら運行を行い、2020（令和2）年12月、小田原の「路面電車保存会」の元に戻ってきた。長崎に譲渡された時に鋼製車に改造されたが、いずれにしても旧王電車両の車両であることには違いない。

大名の下屋敷が多かった三ノ輪橋周辺 三ノ輪交差点「大関横丁」はその名残り

江戸時代、三ノ輪一帯には、伊勢亀山藩主・石川日向守、府中藩主・宗対馬守、下野黒羽藩主・大関土佐守、伊予新谷藩主・加藤氏など大名の下屋敷があった。特にそれが明確なのは大関屋敷跡で、屋敷があった辺りの道は大関横丁と呼ばれ、いまも明治通りと日光街道の交差点は「大関横丁」となっており、バス停も同じ名前が付けられている。

「大関横丁」は、下野黒羽藩下屋敷へ通じる道（現・明治通り）の俗称で、黒羽十一代藩主・大関増業の名に由来する。大関家は戦国時代より明治維新まで黒羽藩を統治しており、大関増業は学者大名として知られた。増業は伊予大州藩主の加藤家に生まれたが、1811（文化8）年、黒羽藩の藩

小田原に里帰りして保存された人なら100歳近い「旧王子電車400形」

2020（令和2）年12月、小田原の路面電車保存会のプロジェクトにより里帰りできたのは、元箱根登山鉄道小田原市内線モハ202号。もともとは東京・王子電気軌道最後の木造ボギー車400形409号として1925（大正14）年に製造されたものだ。その後、関東大震災や戦火をくぐり抜けた2両が小田原に譲渡され、5年ほど活躍したが、市内線の廃止に伴って長崎へ譲渡される。この時、木造車は鋼体化されるがそのおかげで2019年まで現役車両として走ることが出来た。そして路面電車保存会の尽力で第二の故郷小田原に戻り、ことし3月にお披露目されたばかり。現在は、市内報徳二宮神社の広場に設置されており、今後は地域の交流の場や観光スポットの一つとして活用される。

小田原に里帰りした「旧王子電車400形」

都電ブランド

コーヒー専門店「ぱぱ・のえる」

炒りたてのコーヒー豆やオリジナルジャムが所狭しと並ぶ。店名の「ぱぱ・のえる」は、スペイン語でサンタクロースを意味するとか。注文されたコーヒー豆はどんな少量でも届ける、という意味も込められているようだ。「うちはもともと豆屋なんです。喫茶店をやってる意識はないんです」とオーナーの京極声健さんは言うが、店内で酒屋の角打ちみたいな小さなカウンターがあって、炒りたてのコーヒーを気軽に飲める。

売れ筋はやはり〝都電ブレンド〟の豆（200g）1020円。「交通局の人と親しくなって、沿線のおみやげをやって欲しいという要請があって、それに応えて作ったのが〝都電ブレンド〟です」

「これ面白いですよ」と見せてもらったのが、韓国の人が作った都電沿線のガイドブック。韓国語だから読めなかったが、なんと4頁も特集されていた。台湾のテレビでも紹介され、それを見た観光客も訪れるそうだ。小さな店だが国際親善の場でもあるのだ。

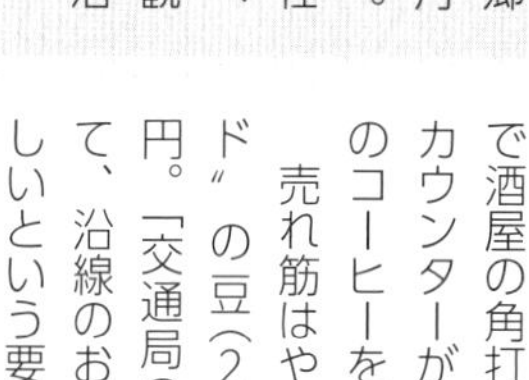
店の外にまで商品があふれ出た「ぱぱ・のえる」

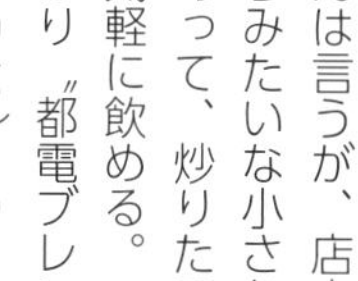
“都電ブランド”のコーヒー豆（200g1020円）

第六瑞光小学校の脇に立つ
「大関横丁由来之碑」

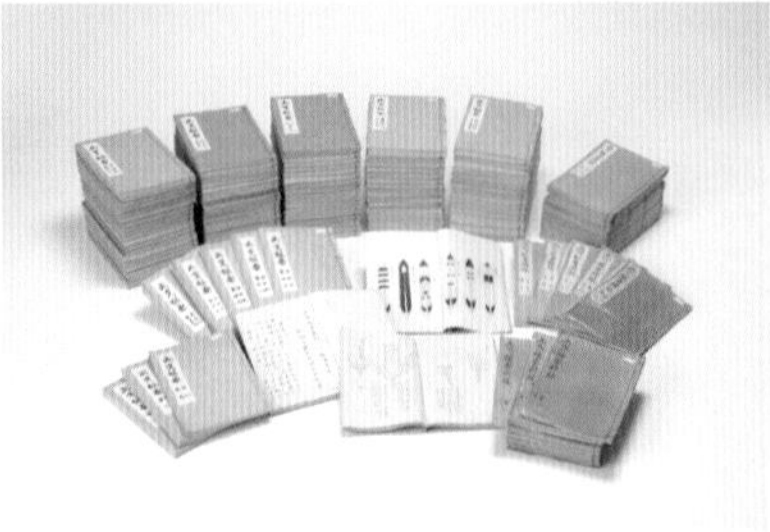

学者大名・大関増業の著作「止戈枢要」
提供：大田原市教育委員会

財政再建のため、持参金2000両を持って藩主に迎えられる。この時に名を大関増業と改めた。そして特産品や水運の振興に務めたが、藩士の俸禄削減の長期化や新しい職制を設けて家臣を抜擢したことなどが一部重臣の不評を買い、1824（文政7）年に隠居させられる。

以後、三ノ輪の下屋敷で長い余生を送り、学問三昧の日々を過ごす。そして、軍学・用兵・殖産興業などについて数百巻から成る「止《し》戈《か》枢要《すうよう》」（写真）や、「日本書紀」を校訂した「校訂日本紀」三十巻など多くの著作を残している。1845（弘化2）年に没し、遺言により三田の大関家菩提寺功運寺（現、中野区）に葬られた。後世、増業が残した膨大な著作は人びとの目に触れ、再評価されることになる。第六瑞光小学校の脇の、荒川線の線路端に「大関横丁由来之碑」が立ち、増業の業績が刻まれている。

遊女の投げ込み寺や小塚原刑場跡など
江戸の暗部も残る、三の輪界隈

「三の輪橋」が架けられていた近くに**浄閑寺**がある。この寺は、新吉原の遊女たちが投げ捨てるも同然に葬られたことから「投げ込み寺」という別名を持つ。1855（安政2）年の大地震の際や関東大震災、東京大空襲の時にも遊女たちはこの寺に葬られ、その数は2万体を超すという。墓地には「生まれては苦界、死しては浄閑寺」と刻まれた「新吉原総霊塔」が建っ

投げ込み寺・浄閑寺の墓に立つ「遊女慰霊塔」

遊女慰霊塔の前にある永井荷風の詩碑＆筆塚

回向院本堂入口の壁面に掲げられた「観臓記念碑」

ＪＲ常磐線脇にある延命寺の通称「首切り地蔵」

ている。遊女たちの悲しい境遇に思いを馳せた作家・永井荷風はここをたびたび訪れたといい、供養塔の真向かいには荷風の詩碑と筆塚があった。

浄閑寺から北へ向かい、南千住仲通り商店街を通ってコツ通り（旧奥州街道）に出て、右へ行くと**回向院**がある。一帯は江戸時代に小塚原刑場があったところで、回向院は１６６７（寛文7）年、本所回向院の別院として造立された。本堂に入るとすぐの壁面の「観臓記念碑」が目に入る。蘭学者の杉田玄白や前野良沢らがオランダ語の解剖図譜を参考に刑死者の解剖を行い、「解体新書」の漢文訳を完成させた記念碑だ。墓地には鼠小僧次郎吉や明治の毒婦と言われた高橋お伝、「安政の大獄」で処刑された吉田松陰や橋本左内やなど多くの刑死者が埋葬されている。

　また、もとは回向院の一部だったが、１８９５（明治28）年に開通した鉄道（現JR常磐線）によって分断され、１９８２（昭和57）年に分院として独立した**延命寺**には、通称「首切り地蔵」と呼ばれる大きな石の延命地蔵がそびえ立つ。寛保元年に刑死

上野寛永寺から移された弾痕の残る黒門（円通寺境内）

者を回向するために造立されたものだ。

回向院前の広い通りを北に行くと日光街道に出る。突き当たり正面が**素盞雄神社**だ。歴史のある下町の古社で、境内には、千住大橋から旅立った、松尾芭蕉の「奥の細道」の一節を刻んだ芭蕉碑が立っている。

日光街道を南、三ノ輪橋のほうへ戻って来ると、右側に本殿の上に巨大な黄金の観音像が建っている**円通寺**がある。江戸時代には下谷の廣徳寺、入谷の鬼子母神とともに「下谷の三寺」として栄えた寺だ。モダンな外観だが、この寺は791（延暦10）年、坂上田村麻呂によって創建された古刹だ。

境内には、戊辰戦争で戦死した彰義隊を弔った縁で、上野寛永寺から移された弾痕の残る黒門が移築されている。1868（慶応4）年の上野戦争で敗れた彰義隊は「賊軍」だったため、遺体は放置されたままだったが、二十三世大禅佛磨大和尚が斬首刑覚悟で境内に隊士266人を埋葬したという。

ぐるりと廻った形で、円通寺から三ノ輪橋停留場までは徒歩5分ほどで戻って来られる。

路地裏も再現した郷土博物館
荒川ふるさと文化館

郷土の博物館「荒川ふるさと文化館」外観

昭和41年頃の荒川区の路地裏を再現した常設展示場

素盞雄神社に隣接して、荒川区の歴史を展示・保存している郷土博物館「荒川ふるさと文化館」がある。この文化館は、文字通り荒川区の歴史と文化を楽しみながら学べる資料館だ。

区内で発掘された遺跡や土器などのほか、近世のまちや農村の暮らしに関するパネル、工業のまちのさきがけである銭座《ぜにざ》の作業風景などが、古い順に展示されており、歴史をたどっていくことができる。最後に現れるのは、昭和41年頃の荒川区の路地裏。通路の両側に当時の長屋が復元されている。照明やBGMで時間の経過が演出され、夕暮れ時には、空が夕焼けに染まり、家の電気が灯り、豆腐屋のラッパや子どもたちの声が聞こえてくる。木造家屋の中には懐かしい茶の間のシーンが再現されタイムスリップしたような気分が味わえる。

「三ノ輪橋停留場」徒歩12分 荒川区南千住6−63−1
9時半〜17時 月休(祝日の場合は翌日) 100円
03−3807−9234

三ノ輪橋停留場で出発を待つ㉗系統の赤羽行きの7000形（右）と、荒川車庫前行きの7500形（左）

左奥のビルが1927（昭和２）年竣工の「王電ビル」。現在も現役の駅ビルとして健在である。荒川線のワンマン化により、写真当時とは線路とホームの配置が変っている。駅ビルとホームとの間は商店街で、駅ビルの外に出ると、昭和通りから続く日光街道で、かつては㉑系統（千住四丁目～水天宮前）と㉛系統（三ノ輪橋～都庁前）の都電が通っていた。乗り継ぎも便利だったが、都内線の都電廃止後は東京メトロ日比谷線が当地の輸送を担っている。◎三ノ輪橋　1970（昭和45）年12月６日　撮影：荻原二郎

三ノ輪橋

SA 02

荒川一中前

2000(平成12)年11月11日に開設された荒川一中前停留場は、都電荒川線で70年ぶりの最も新しい停留場である。停留場名は、近隣にあり、地元では「荒川一中」と呼ばれている荒川区立第一中学校に由来する。また、副名称が「ジョイフル三ノ輪前」となっているのは、停留場の北側に線路と並行してジョイフル三の輪商店街が隣駅の三ノ輪橋停留場(起点駅)まで延びているからだ。つまり、この電停はジョイフル三の輪商店街の入口でもある。

停留場の周辺には、荒川区立第一中学校・第六瑞光小学校・瑞光小学校、荒川老人福祉センターや荒川区心身障害者福祉センターなどがあり、特に施設を利用する人たちにとっては利便性が高くなった。また、三ノ輪橋停留場から荒川一中前停留場間の線路沿いには細い小道が続き、沿線に植えられているバラや都電を間近で見られる穴場スポットにもなっている。春には、区立第一中学校や付近のサクラが満開になり、都電荒川線を華やかに彩る。

2000年11月に開設された荒川一中前停留場

都電荒川線で最も新しい停留場 副名称は「ジョイフル三ノ輪前」

ジョイフル三の輪商店街は、都電荒川線の前身である王子電気軌道の開通が大きく影響して形成された商店街である。長く賑わって来たが、近年は立地する南千住一丁目の人口減少による購買力の低下や大型ショッピング施設の進出で商店街にかつての活気がなくなった。このため、活性化対策の一環として都電の停留場新設が期待されてきた。三ノ輪橋とともに二

新駅が実現し、賑わうジョイフル三の輪商店街

新駅開設を祝う式典には関係者が大勢出席した。

つの停留場で商店街を挟むことで、利用客の回遊が見込まれたからだ。そして新停留場開設に尽力したのが、この商店街の理事長・高木義隆氏（コスモ住宅代表者）だ。この人がいなかったら新しい停留場は生まれなかった、と言っても過言ではない。新駅誕生までのいきさつなどを高木理事長に聞いた。

「草の根運動と言うか、署名活動が大きかったですね。2万人以上集まったと思いますけど、正式にカウントされたのは、1万8525人でした。募金活動もやりましたが、これはオマケみたいなもの。要は熱意の問題ですよ。もともと停留場の誘致には関心があって、商店街の役員になってくれ！と頼まれた時に、「幹部になるに当たっては、都電の新停留場の誘致をするけどいい？」と聞いて、「いいですよ」と言うので引き受けたわけですから（笑）」

「原動力になったのは、やっぱり、商店街の衰退を感じたからですね。もちろん、都電の停留場が出来たからと言って、そんなに起死回生になるほどのお客が来るとも思えないけど、延命の措置にはなると思って始めたわけです。やれることは何でもやろうと。停留場の誘致以外にも、「ジョイフルビジョン」と名付けて、63形の大型モニターを商店街に3台設置したりした。これは失敗策で今は跡形もありません（笑）。要するに「やるか、やらないか、ですよ」。それはそれで大変だけど、ボクは仕掛けて、どん

ジョイフル三の輪商店街のアーケード屋上

どんやって行ったわけです。自分の住んでるところが廃れていたら嫌ですよね。だから地元を盛り上げる、一助として始めたことなんですよ」

新しい停留場が出来た効果については、やはり、荒川一中前停留場に近い側の商店街店舗に売り上げ増加の傾向が見られたという。「やっぱり、知らない人が早稲田の方面から来てくれる、なんて聞くと嬉しいです。まぁ数から言えば100人に5人ぐらいの話だろうから、売り上げに貢献できたかどうかはわかりません。でも、同じ商店街に停留場が二つもあるのは珍しいでしょ？（笑）商店街のキャッチフレーズも『チンチン電車に会える街』です。この商店街の名称はジョイフル三の輪商店街なのですが、副名称は『の』がカタカナの『ノ』になってしまった。これは私の校正ミスです。今さら変えられないから仕方ないですけどね（笑）」（高木理事長）

ジョイフル三の輪商店街では、髙木理事長を筆頭に役員たちが毎月会議をし、商店街のさらなる活性化を目指している。そして現在、「ジョイフル三の輪スカイウォーク実行委員会」というプロジェクトを立ち上げたという。これは商店街のアーケードの上を一般の人にも歩いてもらおうという企画だ。「スカイツリーもよく見えるなど眺めがいいし、並行して走っている都電もよく見えます。すでに雑誌広告の撮影などには使われていますが、アーケード上はもともと消防用の通路なので、消防設備の送水管があったりと、特殊な構造になっている。一般の人に歩いてもらうにはまだ

2012年に商店街のそばに祀られた「中島弁財天」

荒川一中前停留場開設に尽力した、ジョイフル三の輪商店街の高木理事長

まだ安全性などを配慮した設備が必要です」ということだ。実現が待たれる。

廃業した銭湯「弁天湯」から譲り受け、新しい祠に祀った「中島《なかのしま》弁財天」

ジョイフル三の輪商店街を抜けてすぐの場所に弁天像が祀られている。中島弁財天だ。2012（平成24）年1月に廃業した銭湯「弁天湯」の裏庭に鎮座していた像を譲り受けた商店街が、同年11月、ここに祠を作って祀っている。像の高さは70センチほど。弁天湯は大正時代の創業で、当時から女湯の脱衣場の庭にあった、というので、かなりの年季が入っている。「中島弁財天」と名付けられたのは、もともとこの像は、江戸時代の伊勢亀山藩下屋敷内にあった弁天池の中の島に祀られていたことに由来する。

廃業した弁天湯は、ジョイフル三の輪商店街を抜けた、荒川一中前停留場に近いところにあった銭湯で、唐破風屋根が印象的な佇まいだった。1921（大正10）年の建築というから、東京の銭湯の中でも最古参級の建物だった。脱衣場の天井は古い和風旅館のような押し縁の天井で、浴室には金閣寺や五重塔などのモザイクタイル画で、風格を感じさせていた。

関東大震災と空襲をくぐりぬけて営業していたが、2011（平成23）年3月11日の震災で配管が破損。修理業者に見積もってもらうと、「修理するには数千万円、建て替えばなら3億円はかかる」と言われ、やむなく断

弁天湯の裏庭あった弁財天

惜しまれながら廃業した弁天湯

念したという。内湯の普及でお客は減る一方、思い切って設備投資をしても回収できないと判断したそうだ。現在、跡地には「愛の家グループホーム荒川南千住」が建てられている。

荒川区南千住1－23－11　「荒川一中前停留場」徒歩1分

真新しい総ひのき造りの祠に安置された弁財天

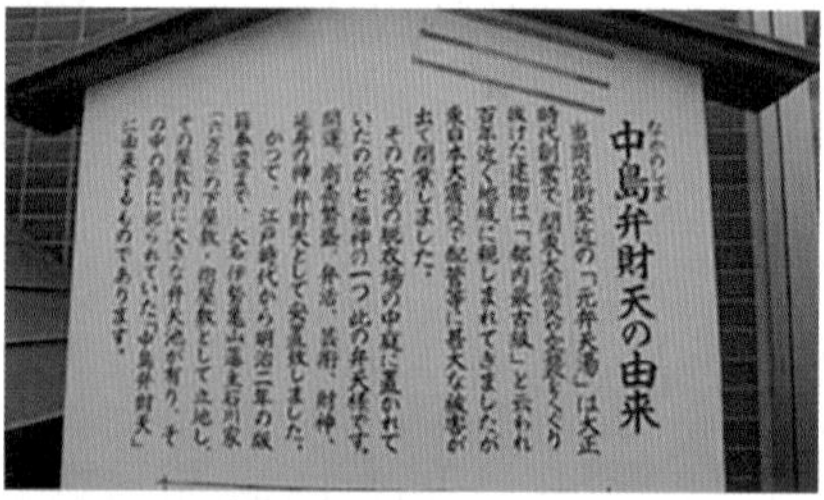

祠のそばには「中の島弁財の由来」が建っている

“弁天さま誕生”のイベントで行われた「水占い」

国内で唯一エボナイトを製造し、オリジナル万年筆も開発した「笑暮屋《えぼや》」

荒川一中前停留場のそばに、国内唯一のエボナイト製造工場・日興エボ

筆記具直販ショップ「笑暮屋」外観

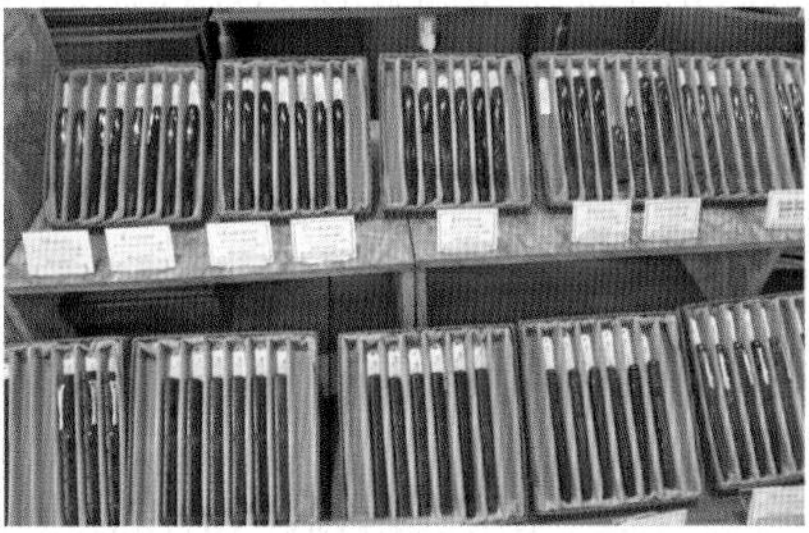

万年筆愛好家が注目する笑暮屋の商品

ナイト製造所と、この工場で作ったエボナイトを商品化して売っている筆記具直販ショップ「笑暮屋」が並んでいる。

天然ゴムと硫黄を混ぜ、加熱してできるエボナイトは、黒褐色で硬く、美しいツヤを放つ硬質ゴム。軽くて丈夫、加工性が良く、磨くと美しいツヤが出るといった特性を持つので、万年筆や木管楽器のマウスピースなどに用いられてきた。しかし、石油系プラスチックの普及とともに徐々に姿を消し、現在では日本で唯一、日興エボナイト製造所だけがエボナイト素材を製造している。

日興エボナイト製造所は、現在の代表取締役社長である遠藤智久氏の祖父・遠藤勝造氏が1952（昭和27）年に創業。以来、電気部品の絶縁材料、木管楽器のマウスピース、万年筆のボディなどの製造を手がけてきた。その後、プラスチックの普及で需要が激減、多くのエボナイトメーカーが廃業する中、絶対、廃業しない！という強い意志で生き残ってきたという。

そして4代目となる現在の遠藤智久社長は、その高い技術力を武器に下請けという立場から脱却。オリジナル商品の製作に取り組み、2014年（平成26）年には直販ショップ「笑暮屋」をオープンした。店頭には、カラーマーブルエボナイトを使用した万年筆やボールペンがズラリ並んでいる。

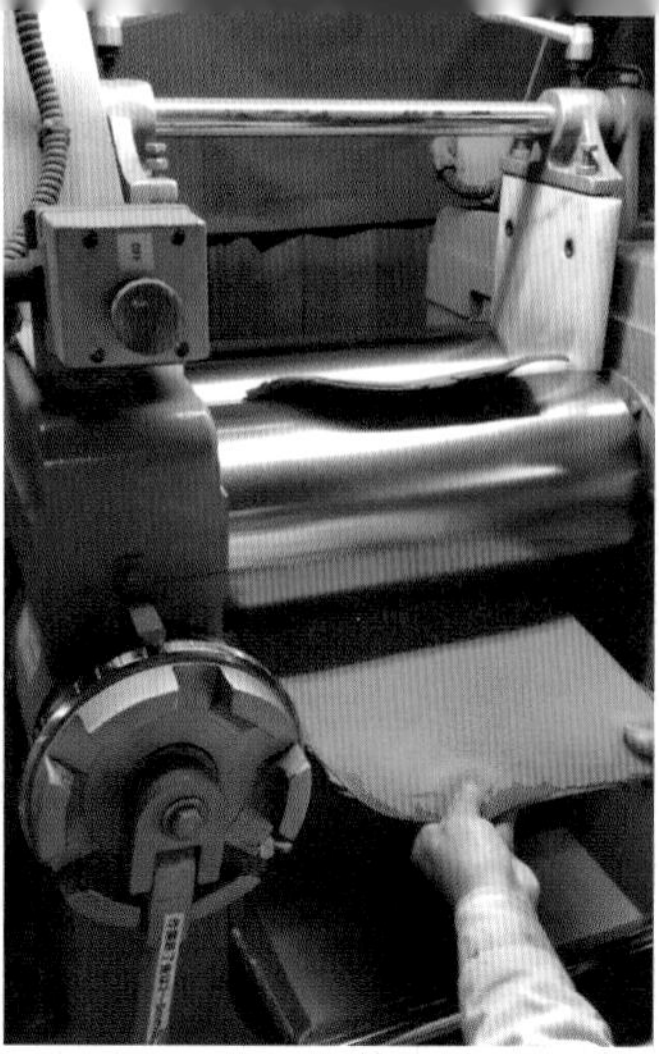
商品に使うエボナイト素材を作業中

天然ゴムが主原料のエボナイト性の筆記具は、素材の特長であるしっとりと手になじむ質感が特長。素材作りから仕上げまで、一つ一つの工程を、素材、気温、工具などの状態の微妙な変化に合わせながら何人もの職人の手を経て出来上がる。形状のシリーズ、軸の色、書ける線の太さの組み合わせから気に入る1本を見つけて注文できるという贅沢さは、国内外を問わず、多くの万年筆愛好家が注目している。

屋号の「笑暮屋」には、エボナイトで日々の暮らしに笑顔を届けたいという願いが込められている。扱う商品は、万年筆、ボールペンのほかに、筆枕、ペントレイ、コンバーター・カートリッジインク・替え芯、ギター用ピック、2WAYセラウェッジ、耐震グッズなど。

「エボナイト製の万年筆や筆記具が買えるのは国内でここだけ。素材の特長であるしっとりと手になじむ質感が魅力で、国内外問わずお客さまが訪れます。その握り心地の良さからギター用のピックも人気ですね」と遠藤社長。今後は海外にも販売網を広げ、オリジナル万年筆の愛好家をさらに増やしていこうと意欲を燃やしている。荒川区で下町若手経営者の会「あすめし会」を率いる骨太の経営者でもある。

荒川区荒川1－38－5　03－3891－5258
営業時間：水・金　13時～18時　土・日　11時～19時

三ノ輪付近(大正5年)

「三ノ輪」といえば、時代劇ドラマ「銭形平次」で大川橋蔵が演じる平次のライバル、万七親分が住んでいた場所。明治維新後は、下谷区の下谷三ノ輪町となり、この時期には国鉄の常磐線が南側を走り、東京市電の三ノ輪車庫が置かれていた。王子電気軌道(現・都電荒川線)は、1913(大正2)年4月、三ノ輪(現・三ノ輪橋)〜飛鳥山下(現・梶原)間を開業し、三ノ輪停留場が東側の起終点となった。

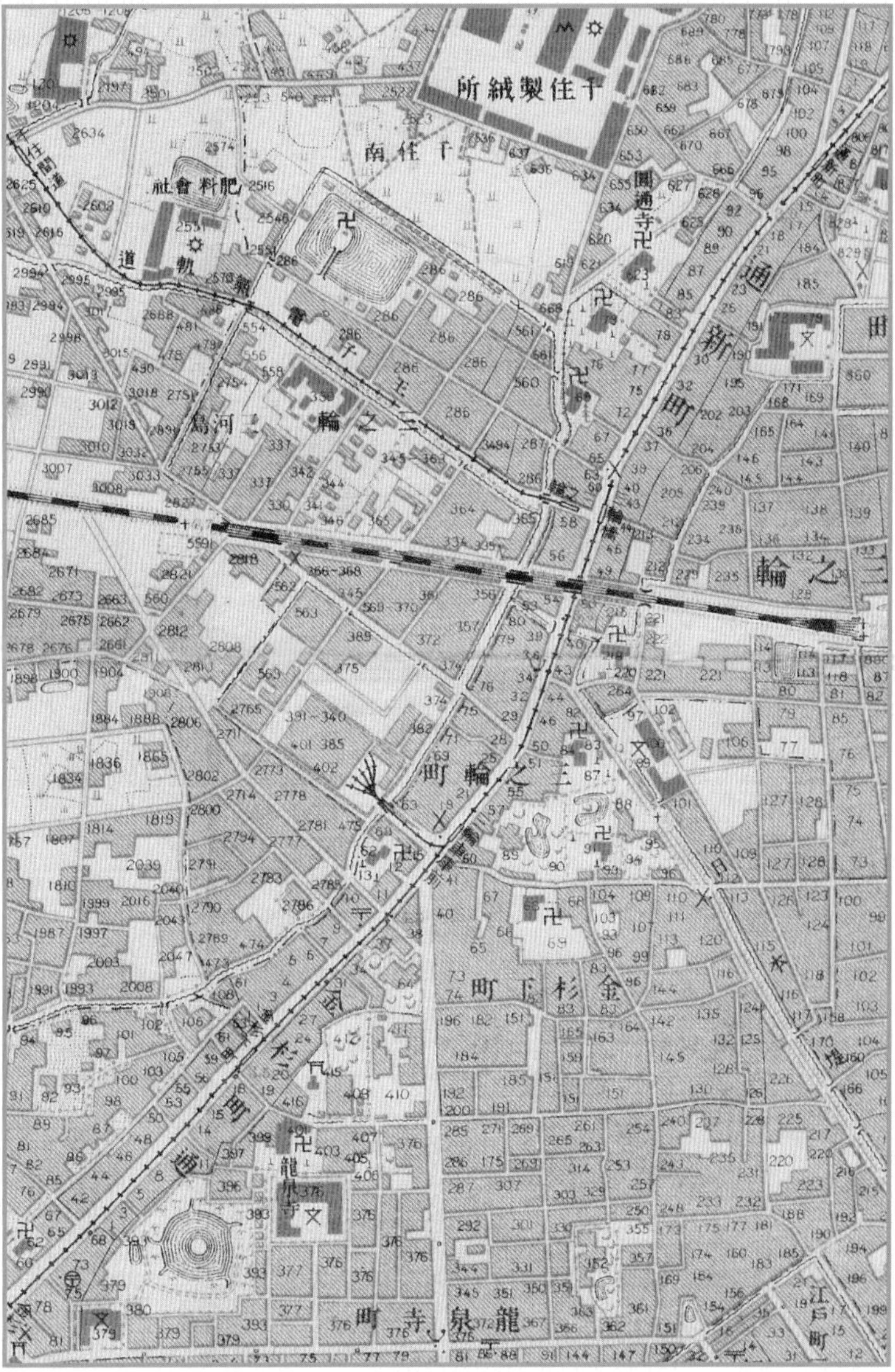

帝国陸軍参謀本部陸地測量部発行「1/10000地形図」

SA 03

荒川区役所前

停留場名はたびたび変わり、王子電車の頃は「千住間道」、1942(昭和17)年に市電に統合された時は「三河島二丁目」、そして、1962(昭和37)年の新住居表示により「荒川区役所」に改称。1977(昭和52)年から「荒川区役所前」となり、現在に至っている。

電停名から分かるように、荒川区役所の最寄り駅だ。沿線付近は家内工業的な町工場や庶民的な家々が連なっているが、その下町の風景に色を添えているのが、5月と10月に開花期を迎えるバラの花々だ。華やかになった沿線にはカメラを持ったいわゆる〝撮り鉄〟たちが大勢押しかける。また、区民の目を楽しませるもう一つのお花見のスポットが役所前の荒川公園だ。

区役所正面に広がる荒川公園。中央の噴水広場が人気。

シダレザクラが30本もある区役所前の荒川公園

停留場から西の明治通りに出て、左に荒川警察署を見ながら王子方向に4分ほど歩くと荒川公園の前にでる。公園の後ろに建つのが荒川区役所だ。荒川公園は区役所正面玄関の東南に広がっており、「区役所公園」とも呼ばれている。春には、ソメイヨシノやシダレザクラが咲き誇り、開花期は夜間にライトアップされるので、花見客が絶えない。特にシダレザクラが紅色や八重など30本もあるので、あでやかな印象だ。

区民ボランティアが活躍する荒川バラの会（三ノ輪橋班）

円形花壇のチューリップと桜が咲き誇る荒川公園

シダレザクラの中には、埼玉県旧荒川村・清雲寺の紅シダレザクラもある。これは荒川区と姉妹提携した記念に植樹されたもので、公園の区役所側に記念碑も立っている。

荒川区役所は多くの区民が訪れる場所だけに、夏は釣り池や〝せせらぎ〟で水遊びが楽しめたり、秋には園内のイチョウが紅葉するなど、区民が一年中憩える場所として配慮されている。

また、「実のなる木公園」と称する一角には、リンゴ、アンズ、モモなど、文字通り実のなる木がたくさん植栽されている。

「花の観光地づくり大賞」を受賞！荒川区が力を注ぐ「荒川バラの会」

庁舎前に公園を設けている荒川区役所では、花と緑を通して幸せを実感できる街づくりを目指しており、都電荒川線沿線におけるバラの植栽事業もその一環と位置づけられている。

荒川線の軌道敷（区内延長約4・8kmのうち植栽可能な約3km）を「華やかなバラの花でいっぱいにしよう」というプロジェクトをは、1985（昭和60）年から続いている。

「バラは華やかで香りが良く、四季咲きの品種が多い上、花期が長いので選びました。植えているバラに愛着を持ってもらいたい、ということで、

5月には都電バラ号（赤いレトロ車両・9001）も運行される。

荒川二丁目付近で手入れする荒川バラの会（荒川二丁目班）

区でボランティアさんを募集。それが大きくなりました。組織で育てていこうとなったのは、2003（平成15）年頃でしょうか。バラの植栽自体は昭和の時代から始まっていました」と緑化推進係長の茂手木瑞紀さん。

こうした取り組みは高く評価され、2005（平成17）年度には、㈳日本観光協会「花の観光地づくり大賞」を受賞した。その後も、「都市緑化基金会長賞」（平成22年）、「みどりの愛護功労者国土交通大臣表彰」（平成25年）、「平成28年緑化推進運動功労者内閣総理大臣表彰」など、受賞歴は続く。

都電沿線には、現在も140種、1万3000本のバラが植栽されており、開花期に咲き誇るバラを見ようと区外から訪れる人も多く、荒川区の観光資源の一翼を担っている。

また、区民ボランティアによるバラの管理のために「荒川バラの会」を結成。講習会などのイベントなどPR活動も積極的に行っている。都電沿線のバラが「花の名所」として定着したのも、この事業の賜物だ。

毎年5月には、町屋駅前において「あらかわバラの市」を開催。バラの即売会などを行って、区外の人たちにもバラの花の素晴らしさをアピール。これを楽しみにしている人たちも多い。

酒好きの落語家が生前から希望していたという四斗樽の墓石

モダンな現代建築に建て替えられた法界寺本堂

四斗樽の形をした墓石がある法界寺

荒川公園前から西に進むと、明治通り沿いに歴史を持つ寺院が点在している。面白いのは通りの向かい側にある法界寺で、墓域の入口付近に四斗樽の形をした墓石がある。これは酒好きだった明治の落語家・佃家白魚の墓だ。荒川ふるさと文化館企画展（あらかわと寄席）の図録にそのいきさつが書いてあった。

それによると、佃家白魚は声色を得意とし、よく入谷あたりの寄席に出ていた。「諸芸人名録」には〝水魚連〟に属していたという。そして1893（明治26）年10月、横浜の万竹亭に出演中に泥酔して梯子段を踏み外し、あえなく死んでしまった。当時の「東京横浜毎日新聞」には珍事として報じられてたそうだ。生前から「酒樽の墓石の下で眠りたい」と言っていたこともあり、落語家同志によって四斗樽の墓石が作られた。弟子たちは徳利の花立てと盃型の線香立てを、台座は浅草のビラ辰が寄進したそうだ。酒が身を滅ぼしたとはいえ、白魚もあの世でご満悦ではなかろうか。

法界寺は浄土宗に属し、南千住の豊徳山誓願寺の末寺。本尊は阿弥陀如来。現在の本堂はモダンな現代建築の平屋に建て替えられているが、江戸時代後期から幕末にかけては将軍の「鶴お成り」の際には御前所に当てられたという由緒を持つお寺だ。

本堂の前に立つ「三河島事故慰霊塔」

山門も昔ながらの風格を漂わせている浄正寺

三河島事故慰霊塔が建つ
浄正寺

法界寺から少し西に行って最初の道を左折すると浄正寺がある。この寺も浄土宗で、法界寺とは違って山門も本堂も昔ながらの寺の風格を残している。戦国時代の1503（文亀3）年の創建と伝わり、江戸時代には3500坪の広大な面積を有していたという。境内には、1449（文安6）年銘の板碑、1666（寛文6）年銘の庚申待供養碑など多くの石仏・石碑がある。

そして本堂の前には「三河島聖観音像」が安置されている。これは1962（昭和37）年に起こった三河島事故の犠牲者の供養のために建立されたものだ。同年5月3日午後9時過ぎ、国鉄常磐線三河島～南千住間で下り貨物列車が信号を誤認し、車止めを越えて脱線し、国電の線路内に傾いた。そこへ三河島駅を出た下りの国電が衝突、脱線した。下り電車の乗客が線路上を歩き始めたところ、上り電車が突っ込んできて脱線した下り電車に衝突。一両目は脱線し、2～4両目は崖下に落ちて民家を押しつぶした。この事故で死者160人、負傷者296人が出た。三河島観音像の台石には、このときの犠牲者の氏名が彫られている。

荒川区荒川3－53－1「荒川区役所前」徒歩7分

本堂の前に「徳川将軍鶴お成り」の説明板が立つ。

将軍家の御前所として使われ続けてきた観音寺

鶴御成りの際に御前所になった観音寺

明治通りに戻り、北側に横断すると観音寺がある。戦国時代の天文年間（1532〜55）長遍僧都によって開基された寺だ。「江戸名所百景」にもその様子が描かれているが、江戸期、三河島付近は沼沢が多く、鶴がよく飛来していた。一帯は将軍の御鷹場に指定されており、近在の農家から鶴の餌付け役も選ばれた。将軍が鷹狩りで鶴を捕らえるのを「鶴御成り」と称したが、その折りの御膳所（休憩場所）が観音寺、法界寺などが当てられた。特に観音寺は、1798（寛政10）年、十一代将軍家斉が鶴御成りの際、当寺を御膳所にあてて以来、明治維新に至るまで将軍家の御前所として使われ続けてきた。観音寺の門前には将軍お成りの説明板がある。

将軍の御膳には土地名産の「三河島菜」が供されるのが慣わしだったという。

荒川区荒川4-5-1
「荒川区役所前」徒歩7分

歌川広重の「名所江戸百景」に描かれた三河島の丹頂鶴
提供：荒川ふるさと文化館

区役所の食堂に登場した「三河島菜料理」

三河島の特産品であった「三河島菜」

徳川将軍にも供された 江戸の伝統野菜「三河島菜」が復活！

江戸時代の荒川は田畑が広がる江戸近郊の農村だった。消費が見込める江戸が近いこともあって、村々では、谷中生姜、汐入大根、そして三河島菜などを生産。やがてこれらのブランド野菜として広く知られていく。ところが明治以降の市街地拡大は荒川区も例外ではなく、農地が徐々に工場や宅地へ変貌していき、せっかくの伝統野菜も一部を除き消滅せざるを得なくなった。あるものは荒川の地名を冠したまま生産地を変えて全国で作られるようになっていった。

そして近年、地域の資源が見直され、荒川区でも伝統野菜に注目。また荒川の地に「三河島菜」を復活・普及させようという気運が高まっている。

荒川区と地質が似ている葛飾区でも、都立農産高校が毎年授業の一環として三河島菜の栽培に取り組んでおり、栽培された三河島菜は荒川区のイベントなどで販売。また、荒川区役所食堂「レストランさくら」でも期間限定で三河島菜を使った定食メニューを提供するなど、「三河島菜復活！」をアピールしている。

200種以上の日本酒が揃うモリタヤ酒店の店内

角打ちの店「モリタヤ酒店」と3代目店主の森田繁さん

200種以上の日本酒がそろう 角打ちが人気のモリタヤ酒店

法界寺に眠る酒好きの落語家・佃家白魚が生きていたなら喜ぶだろう角打ちの店・モリタヤ酒店。荒川区役所前電停の東側、徒歩7分ほどのところにある。近所に住んでいないと分からないような住宅街にポツンと店を構えているが、なんと大正15年創業の老舗酒屋だ。日本名門酒会に属し、全国の銘酒を専門に取り揃えている。何よりの看板は、気に入ったお酒を店の一角で飲める、いわゆる「角打ち」が楽しめること。角打ちは四角い升の角に口を付けて飲むという意味もあるらしい。

現在の店主は4代目の娘婿だが、常連客が集まる座の中心にいるのはいつも3代目の森田繁さんだ。もともと小型船舶を製造する仕事に従事していたので、日曜大工はお手のもの。角打ち用に、店に隣接した倉庫を改造したり、2階にも囲炉裏部屋を造ってもてなしていたが、現在は残念ながらコロナ禍で自粛中。それでも、「店に並ぶのは手頃な値段で味わいがいいお酒ばかり。何種類か封を切った酒も用意されているので、グラスで気軽に呑める」と評判がいい。特に飲み比べできる3酒セットがよく出る。

荒川区南千住6-17-5「荒川区役所前」徒歩7分
03-3805-2805　10時~21時　水休

千住製絨所&東京スタジアム

千住製絨所跡に残るレンガ塀（昭和56年）

荒川区役所前電停から東、千住間道に沿って5分ほどのところにある荒川総合スポーツセンターは、かつて東京スタジアムがあった場所だ。1962（昭和37）年に開場、10年ほどで閉鎖が決まった東京スタジアムは、プロ野球球団・大毎オリオンズ（現在の千葉ロッテマリーンズ）の本拠地球場だった。オーナーは大映映画の永田雅一で、永田は私財を投じて自前の球場建設に着手。「庶民が下駄履きで気軽に通えるような球場」という構想を具現化した。アメリカの球場をモデルに当時としてはモダンで設備も優れた構造で、ナイター試合が行われると、球場全体が照明の光で浮かび上がる様子から「光の球場」と呼ばれていたという。

もともと東京スタジアムがあった荒川区南千住には、1879（明治12）年に創業された官営の羊毛工場（日本初の毛織物工場）である千住製絨所があったところだ。敷地が工場建設用地として強固な基盤を持ち、隅田川が近くて水利がよいことから選ばれたという。敷地面積8300余坪、建坪1769坪の広大なものであった。1888（明治21）年に陸軍省管轄となり、事業拡大とともに、現在の荒川スポーツセンターあたりまで敷地面積が拡張された。構内は生産工場にとどまらず、研究施設や福利施設なども整備され、近代工場の中でも先進的なものだった。戦後は民間に払い下げられ、大和毛織が所有する生地工場になったが、経営難に陥り1960（昭和35）年に閉鎖。紆余曲折を経て、敷地の一画に「東京スタジアム」が建てられた、というわけだ。荒川総合スポーツセンターの入口には、千住製絨所の初代長官である井上省三氏の胸像が設置されている。また、周辺は往時の工場の赤レンガ塀も一部残っている。

かつてこの地にあった「東京スタジアム」（昭和42年）

都電ブランド

都電モチーフのグッズ製作&販売「徳栄商事」

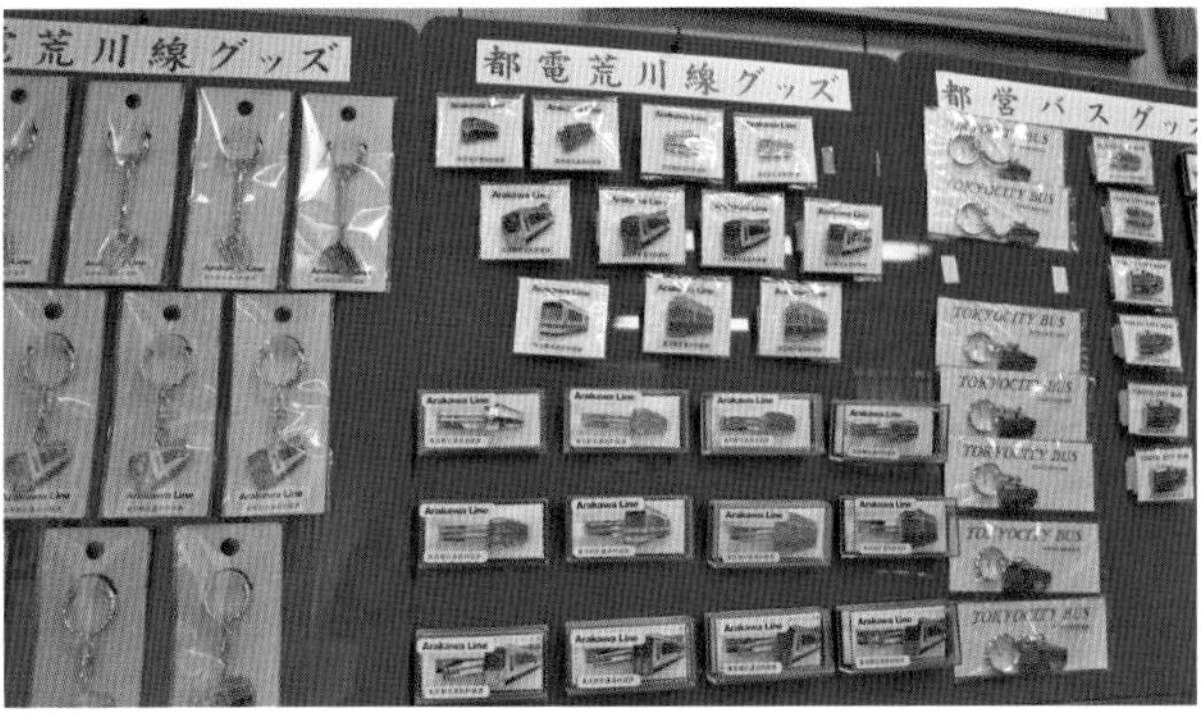

都電や都営バスなど乗物グッズが多い徳栄商事の商品

「昔から、都電に愛着を持っていたことから、都電グッズを製作するきっかけになりました」と話す徳栄商事代表の徳本和雄さん。店内には、都電荒川線のペーパーウエイト、ネクタイピン、ピンバッチ、キーホルダーなど、「都電」をモチーフにしたさまざまなグッズが並んでいる。

つい最近も、東京都の離島、御蔵島(みくらじま)から「子どもたちの卒業記念に」ということで注文が入ったとか。「御蔵島は風が強くて、ペーパーウエイトが欲しい!ということでした」と、そばで奥さまが説明する。最近は、コロナの影響や後継者不足もあり、職人さんの廃業が悩みのタネだが、都電マニアがいる限り、徳本さんは頑張るつもりだ。もちろん、本来の貴金属・金属製品、記念品・乗り物グッズの製造販売にも力を入れている。

人気がある商品は、何と言っても「都電ペーパーウエイト」!

荒川区荒川1-58-6
「荒川区役所前停留場」徒歩5分
03-3891-9051
10時~17時 土日祝休

SA 04

荒川二丁目

当初は「三河島」という停留場名であったが、新住居表示により三河島の地名が消滅し、1962（昭和37）年からは、現在の停留場名に変更された。停留場の目の前には、1922（大正11）年に完成した三河島下水処理場の下水処理場施設（現・三河島水再生センター）と、施設の一部に人工地盤を構築して造られた「荒川自然公園」が広がる。正門がある東側の敷地には都電側に桜並木が並び、春にはピンク一色だ。また、電停周辺には「荒川バラの会」が管理しているバラ花壇もあり、こちらも春や秋の開花期には華やかだ。

満開の桜に包まれた「三河島水再生センター」全景

いくつかの説が伝わる「三河島」の地名の由来

かつての停留場名「三河島」は、現在、町名としはて残っていない。辛うじてその名をとどめているのは、常磐線の三河島駅、京成本線の新三河島駅、区立三河島公園、下水道局の三河島処理場、三河島大師などだ。

三河島の地名の由来は諸説あるが、よく知られているのが、徳川家康が1590（天正18）年に関東に入国した際、故郷の三河国から家康に従って来た下役に土地を与え、「三河島」と呼ぶのを許可したという説だ。また、小田原北条氏の家臣細谷三河守の領地となったから「三河島」と称したという説や、長禄年間（1457～60）に太田道灌の友人源孝範（木戸三河守）

ポンプ井阻水扉室(A)及び導水渠(B)
２系統に分かれて流入した下水はここで合流し、各喞筒井に流入する。

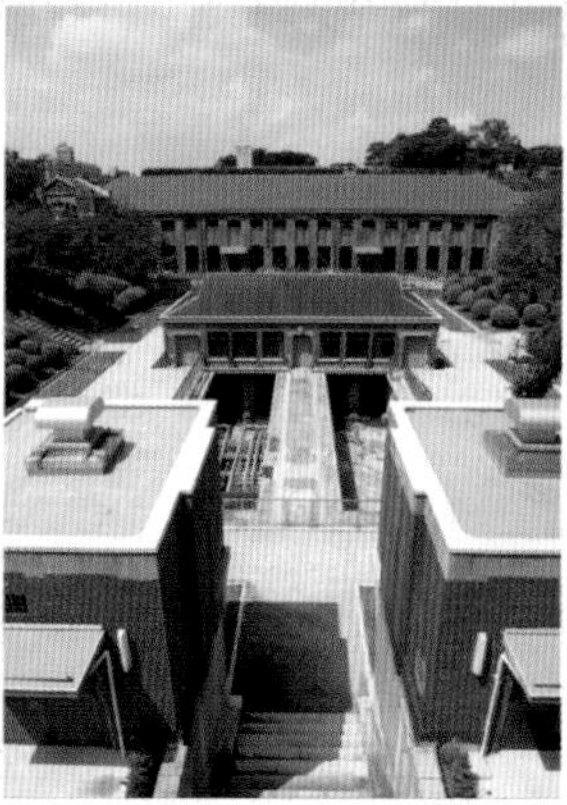

国の重要文化財(建造物)に指定された赤レンガの施設

の屋敷があったからという説もある。さらに、昔、中川・古利根川・荒川の三つの川に囲まれた島状の中州だったため、という説も伝わっている。

しかし、「三河島」の地名は、すでに戦国時代に見ることが出来、法界寺、浄正寺などに室町時代の板碑が伝わっていることから、中世には開かれていた地域であることがうかがえる。江戸時代から明治を経て１９２０（大正9）年までが三河島村、次いで三河島町となったが、１９６１（昭和36）年から１９６６（昭和41）年にかけて住居表示が変わり、荒川区荒川・町屋・東尾久・東日暮里に分割されてしまった。由緒ある三河島の地名が消滅してしまったのを残念がる人も多い。

赤レンガの施設と桜が美しい三河島水再生センター

施設の一部に人工基盤で造った荒川自然公園がある三河島水再生センターは、都電通りと荒川（隅田川）の間、荒川８丁目の広大な面積を占めている。歴史は古く、日本初の下水処理施設「三河島汚水処理場」として１９１４（大正3）年に起工し、１９２２（大正11）年3月に運用を開始した。敷地面積は19・８万平方メートル。１日当たり66・５万立方メートルの下水処理能力を持ち、処理区域は荒川・台東区全域、文京・豊島区の大部分、千代田・新宿・北区の一部。面積は、計３，９３６３ｈａの下水処理を担っ

国の重要文化財に指定された旧三河島汚水処分場喞筒場施設

1922（大正11）年3月の設立当初から稼働していた赤いレンガ造りの喞筒（ポンプ）室は、水再生センターのシンボル的な施設だったが、1999（平成11）年3月に別系統のポンプ施設に切り替えられた。

しかし、旧三河島汚水処分場喞筒場施設は、「わが国最初の近代下水処理場である旧三河島汚水処分場の代表的遺構」として、高い歴史的価値が認められている。また、阻水扉室、沈砂池などの一連の構造物が、旧態を保持しつつまとめて残っていることも、「近代下水処理場喞筒場施設の構造を知る上で貴重である」と評価され、2007（平成19）年12月に国の重要文化財（建造物）に指定された。これらは2013（平成25）年4月より一般公開されている。（最新情報はHPで要確認）

ている。

三河島水再生センターの下水処理方法は、散水ろ床法を皮切りに、1936（昭和11）年には、バドル式活性汚泥法（鋼製の水車を回転させて空気を取り入れる方法）、1961（昭和36）年に散気式標準活性汚染泥法を採用して現在に至る。処理した水は隅田川に放流。また、一部は東尾久浄化センターでろ過し、さらにきれいにして隅田川に放流するほか、三河島水再生センター内の機械の洗浄、冷却などに使用する。汚泥は、東部スラッジプラントへ圧送し、処理される。

敷地内は緑が豊かで、春には赤レンガの旧三河島汚水処分場喞筒場施設と満開の桜が美しい景観を作り出し、毎年「桜まつり」が開かれる。

喞筒室（ポンプ室）には、下水を地下のポンプ井から吸い上げるポンプが10台設置されている。

「新東京百景」に選定された荒川自然公園

三河島水再生センターの水処理施設上に人工地盤を造って緑地化した荒川自然公園は、1974（昭和49）年に開園した。敷地は6万平方メートル以上と区内でも最大級の広さを誇っている。このような下水処理施設上に

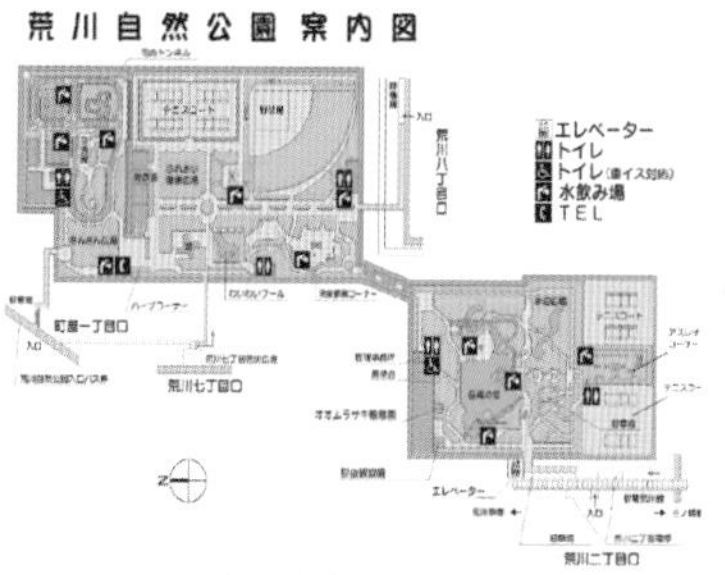

大きく3つのブロックに分けられている荒川自然公園の案内図

東京都下水道局・三河島水再生センターの上に新たに人工地盤を設けて造られた荒川自然公園（昭和55年）提供・荒川区役所

造成した公園は、新宿区の落合中央公園に次いで都内で2番目。1982（昭和57）年には「新東京百景」に選定され、東京都を代表する景勝地でもある。

荒川自然公園は、中央、南、北と3期に分けて工事が行われ、それぞれ特色を持たせている。まず、開園時に完成したのが、テニスコート・野球場の運動施設を中心に児童公園・プール・芝生広場のある中央部分。そして1979（昭和54）年、南側にアスレチック広場・水辺広場・野草園・昆虫観察園のあるエリアが開園。この時にそれまでの「三河島処理場公苑」という名前から区民公募により「荒川自然公園」という名称に変更した。さらに1995（平成7）年に北側の交通園や芝生広場が追加された。

公園内には豊富な種類の樹木や野草などがあり、桜やバラ、ツツジなど花が多いのも特徴だ。昆虫や鳥など様々な生き物が多数生息しており、自然観察の場としても利用価値が高い。また、園路はウォーキングや散歩が楽しめるよう配慮されている。

荒川二丁目の電停側から入ったところは南側の公園で、白鳥のいる池、6〜7月にカブト虫が見られる昆虫観察園、オオムラサキ観察園などが並ぶ。連絡橋を渡って北側の公園へ行くと、子どもたちに自転車やゴーカートを貸し出し、信号や標識がある舗装された道路を乗り回し、遊びながら交通ルールが学べる交通園が賑わっている。案内図を見てもわかるように、

一般書コーナー、芸術コーナー、雑誌・新聞コーナーと、それぞれの分野で充実させている3階書架

2018年に先代の白鳥が老衰で亡くなって以来、区民の要望に応え、2021年3月に新たに白鳥が放鳥された「白鳥の池」

北側エリアには、子どもたちが交通ルールを学ぶために造られた交通園がある。

荒川七丁目口、荒川八丁目口、町屋一丁目口からも園内に入れる。

荒川区荒川8－25－3「荒川二丁目停留場」下車すぐ

第1・第3木曜日休園(祝日の場合は翌日)

問い合わせ　03－3803－4042(管理事務所)

文化交流を目指した複合施設
ゆいの森あらかわ

荒川二丁目停留場の副名称にもなっている「ゆいの森あらかわ」は、2017(平成29)年3月に誕生した、地域に根付く文化交流の場を目指した複合施設だ。約60万冊の蔵書規模を誇る「中央図書館」、荒川区出身で、戦艦武蔵や三陸海岸大津波、ポーツマスの旗などの著作がある作家・吉村昭氏の「吉村昭記念文学館」、子育て世代が遊びや交流を行ったり、体験キットやワークショップを通じて子どもたちの夢を育む「ゆいの森子どもひろば」が一体となっており、人と人が交流できるコミュニティの拠点づくりを推進している。館内には900を越える座席を備え、幅広い世代が安心して利用でき、災害時は帰宅困難者の受け入れや、乳幼児を中心とした避難所としても活用できるよう、免震構造を採用し、発電機や備蓄倉庫も備えている。

「ひろば」をキーワードにフロア構成もオープンなつくりで、全館(1階

包容力のある、豊かな森のような施設を目指した「ゆいの森あらかわ」外観

吉村昭氏の作品や足跡に触れられ、再現する書斎では椅子に座る体験ができる吉村昭記念文学館

イベントがない時は閲覧席等に活用できる絵本に囲まれたゆいの森ホール

〜5階）を吹き抜けでつなぎ、極力間仕切りを設けずに全体が一つに融合できるように配慮した設計だ。

各フロアの構成は、1階は、3万冊の絵本を所蔵する「えほん館・おはなしの部屋」、イベントがない時は閲覧席などに活用できる「ゆいの森ホール」、このほか遊びラウンジ・託児室・障がい者サービスコーナー、本の持ち込みが可能なカフェが。2階は、吉村昭記念文学館、グループ活動やワークショップに利用できるコミュニティブリッジ・体験エリア・ティーンズコーナー・学びラウンジ・児童書コーナーなど。3階は企画展示室や現代俳句センターに、雑誌・新聞・一般書・芸術コーナーが設けられている。4階は専門書コーナー、就労や起業を支援するビジネス支援コーナーなど。5階は学習室のほか、コミュニティラウンジ、緑に囲まれたゆいの森ガーデンてらすなどが設けられており、まさに人と地域・文化を結ぶ、荒川区のランドマーク的存在だ。

荒川区荒川2－50－1　03－3891－4349
開館時間は9時30分〜20時30分、毎月第3木曜日休館
（休館日・開館時間はホームページ確認）

SA 05

荒川七丁目

三河島水再生センターや荒川自然公園の最寄り駅となる「荒川七丁目停留場」。王子電車創業時の停留場名は「博善社前」だったが、その後「三河島八丁目」「三河島七丁目」と変わり、1969(昭和44)年の住居表示変更で現在の「荒川七丁目」に落ち着いた。最初の停留場名となった「博善社」とは町屋火葬場のことで、現在の町屋斎場である。意外に知られていないが、次駅「町屋駅前」との短い距離の間に、かつて「稲荷前」という停留場が設置(昭和2年)されていた。しかし、この停留場は10年ほどで廃止されている。

東京博善株式会社(廣済堂グループ)が経営する「町屋斎場」外観

あらかわの史跡・文化財でもある町屋斎場

東京都内に6つの斎場を持つ東京博善株式会社(廣済堂グループ)が経営する中の一つで、最も規模が大きい斎場だ。歴史があるので「あらかわの史跡・文化財」となっており、斎場の西には、次のような説明板が掲げられている。

「町屋火葬場は江戸五三昧の歴史を伝える。江戸五三昧とは、千駄木(駒込)・桐ヶ谷(荏原)・渋谷(代々幡)・炮烙新田(葛西)・小塚原(千住)にあった火葬場をいう。小塚原の火葬場は寛文九年(1669)に下谷・浅草あたりの各寺院から移されたもので、火葬寺・火屋などともよばれた。明治二十年、周辺の市街化により廃止、二年後に町屋に移転した。一方、火葬場の増設許可が下り、同二十年、東京博善社が日暮里火葬場を新設。その後、同火葬場は町屋火葬場の隣地に移ることになり、同三十七年の移転とともに、町屋火葬場と合併した。荒川区教育委員会」

斎場左手には博善社創設に参画した木村荘平の胸像もある。

斎場左手には博善社創設に参画した木村荘平の胸像がある。

町屋斎場は「あらかわの史跡・文化財」に指定されている。

太田道灌の説話で知られる山吹の塚のある泊船軒

大雄山と号する泊船軒は、１６２７（寛永4）年に創建された臨済宗妙心寺派の寺院だ。創建時は本寺である海禅寺の塔頭寺院として、湯島妻恋の地（現在の文京区）に建立されている。初代の住職は海禅寺の開山覺印和尚の弟子である玉峰《ぎょくほう》與公《よこう》和尚である。

１６５７（明暦３）年の江戸大火後の領地替により本寺海禅寺と共に浅草松葉町へ移転。１９２３（大正12）年の関東大震災後に第十一世棲道全佐（せいどうぜんさ）和尚が現在地に移し、１９３３（昭和８）年に復興した。そして太平洋戦争の戦火を逃れた泊船軒は、その後の都市計画事業に伴って、

格子天井や欄間の井波彫りも見どころの本堂内部

1933（昭和8）年に建てられた風格のある本堂

若干の移動を余儀なくされたが、山門と本堂は昭和8年に建てられたままの風格ある姿を残している。

本尊は聖観音菩薩で、本堂の天井には雲龍図が描かれている。昔から禅寺の本堂天井には龍の絵が描かれてきたが、その意味は、「龍は水に縁が深く、雨を呼ぶ」と言われ、天井の龍が修行僧に「法の雨」（仏法の教えという意味）を降らせると考えられていたからだ。

龍の絵を描いたのは、明治、大正期の代表的な南画家の小室翠雲。南画というのは、江戸時代に成立した絵画様式の一つで、もとは中国の南宋（なんそう）時代にはじまった絵画だという。与謝蕪村や池大雅らが日本独自の様式を発展させた。翠雲は、「日展」の審査員を務めるなど、日本画家の大家の一人だった。その作品は、東京国立近代美術館をはじめ、各地の美術館に収蔵されている。

また、本堂内の位牌堂、真仏間の格子天井には多くの日本画家による「花鳥風月画」が納められている。富山井波彫りの欄間も見事な作品で、一見の価値ありだ。

山門を入った左手奥には、太田道灌の故事による「山吹の塚」がある。太田道灌の有名な説話に登場する山吹の里の候補地は、豊島区の面影橋付近や、埼玉県の越生、横浜市金沢区六浦などたくさんある。その一つが泊船軒が建つこの場所、というわけだ。

日本画家による「花鳥風月画」が鮮やかな天井絵

山吹の説話

ある日のこと、道灌が鷹狩りに出かけると、にわか雨が降ってきた。そこで蓑を借りようと、近くの農家に駆け込んだところ、家の中から少女が出て来た。

道灌が「急な雨に困っているので、蓑を貸してもらえないだろか」と言うと、少女は、一度引っ込んで、蓑ではなく、山吹の花一輪を持って出て来た。そして、黙って花を差し出す。道灌は意味がわからなかったので馬鹿にされたような気がして、不機嫌に雨の中を立ち去った。

山門を入った左手奥にある「山吹の里塚」

その夜、道灌がこの出来事を近臣たちに話すと、中の一人が「後拾遺集に醍醐天皇の皇子、中務卿《きょう》兼明親王が詠まれた『七重八重花は咲けども山吹の実のひとつだになきぞかなしき』という歌があります。その娘は、蓑ひとつない貧しさを山吹に例えたのではないでしょうか」と述べた。

これを聞いた道灌は、己の不明を恥じ、この日を機に歌道に精進するようになったという。

SA 06

町屋駅前

高架の京成本線と路面の都電荒川線が交わり、地下には東京メトロ千代田線が走る、町屋は荒川区における交通の要地だ。駅前の再開発もほぼ終わり、立ち並ぶ高層ビルには多くの商業施設が入居しており、古くから栄える尾竹橋通り沿いの商店街とともに賑わいのある街並みを形成している。「町屋」の地名の由来は、良質の粘土である「真土《まつち》」が取れた地域だったという説と、古くから人が住み、集落(町)があったから、という2つの説が存在する。いずれにせよ、「活気ある街」が町屋のイメージ。駅前の広場と都電沿線にはバラが植樹され、毎年5月下旬には「あらかわバラの市」が開催される。

交通の要地となった町屋駅前。地下には地下鉄千代田線の町屋駅がある(写真は昭和47年頃)

特別列車都電バラ号が運行される あらかわバラの市

5月中旬頃になると、町屋駅周辺はバラの花で埋め尽くされる。特に華やかなのが、都電荒川線の町屋駅前停留場を中心にしたエリア。毎年5月下旬には「あらかわバラの市」が開催される。多品種のバラが美しさを競い合い、その様子はまさに駅前のバラ園だ。

販売されるバラは、ミニバラ以外のすべてに名称が書かれたラベルが付けられ、ふだんなかなか見ることができないバラも多く、バラ好きの人にとってはうれしい催しだ。荒川区のランドマークである「ゆいの森あらか

大勢の人で賑わう「あらかわバラの市」

わ」で開催されるイベントなど、日時限定でバラ祭りのイベントも行われる。イベント日時などの詳細は荒川区の公式HPに載っている。

広場には大輪の花をつけるハイブリットティー系のバラを中心に植樹されている。幸せと平和への願いをこめて名づけられたピースを植えた「平和のバラ」コーナーもある。

会場では、鉢バラやミニバラの販売、バラの育て方の講習会（無料・要予約）、バラと都電の関連グッズの販売、演奏会などが開催される。

お祭りに合わせて、車内に美しいバラの装飾が施された特別列車都電バラ号が運行されるほか、「あらかわバラの市盛り上げ隊」による地元のお土産等を販売するコーナーも好評だ。

もちろん、線路沿いにもたくさんのバラが植えられており、都電の走行に彩りを添えている。周辺はさまざまな角度から都電とバラを組み合わせた写真が撮れるので、自分の好きなアングルを探して歩くのも楽しみのうちの一つだ。

問い合わせ先：荒川区道路公園課・緑化推進課
03-3802-3111

どれを買うかの品定めも「バラの市」の楽しみ。

落ち着いた内装の浜作もんじゃ会館店内

移転後は2階の店舗になった「もんじゃ焼き浜作もんじゃ会館」

〝あらかわもんじゃ焼き〟の老舗「浜作もんじゃ会館」と「立花」

荒川区内には現在58店ものもんじゃ焼き店があるが、広範囲で営業しているので、一か所に集まっている月島のようには目立たない。しかし歴史は古く、地域密着型のローカルフードとして浸透している。そんな中、2013（平成25）年に東京商工会議所荒川支部が「あらかわもんじゃまっぷ保存版」を発刊して以来、都電に乗ってわざわざ食べに来るお客も増えたとか。町屋にある老舗2軒を訪ねた。

浜作寄席も人気の「浜作もんじゃ会館」

17年前、京成線ガード下の工事に伴い現在の場所に移転した「浜作もんじゃ会館」。創業40年以上の地元でも有名な老舗だ。店の看板を背負い、ほどんど休まず営業してきた看板女将・山口八重子さんは、コロナ禍で静かになった店内では元気がない。名物だった奥の座敷で開いていた〝浜作寄席〟も休演中だ。代わって新しい店を元気に盛り上げて行こうとしているのが、八重子さんの長男で二代目店主の山口良典さん（38歳）。「これまでうちがやってきたもんじゃの王道を守りたい」と自信をのぞかせる。荒川はふだんの生活の中にもんじゃ屋があるので、家族連れが目立つそうだ。

人気メニューの「浜作もんじゃ」と「明太もちチーズもんじゃ」

人気メニューの「明太チーズもんじゃ」はテイクアウトもＯＫ。

奥の座敷で開かれる「浜作寄席」もこの店の名物だ。

この店のイチオシメニューは一回食べるとリピートが多い、グラタンもんじゃ、餃子もんじゃ、明太チーズもんじゃなど。特に人気の「明太もちチーズもんじゃ」は、鉄板で焼き始めると明太子とチーズが香ばしく、口に入れるともちとチーズのとろける食感がたまらない一品だ。

以前、関西からの客が明太もんじゃを食べて「メチャクチャうまい！人生初体験！」と言ってくれたのが嬉しかったそうだ。「関西の方にうまい！と言わせるのは、もんじゃ屋冥利に尽きますよ」と良典さん。都電荒川線の町屋駅前から徒歩3分ということもあり、「早稲田や豊島区からご夫婦らが旅行気分で食べに来られますよ」ということだ。そばで息子を頼もしそうに見る八重子さんの「もんじゃって、みんなでつつく、そしてワハハハという笑い声が上がるのがいいんですよ！」という言葉が印象的だった。

荒川区荒川6-4-11 伸和ビル2階 ☎03-3819-4855
16時〜22時　定休日は奇数月第3水曜日（その日は店内で寄席あり）

オリジナルメニューに力を入れる「立花」

1973（昭和48）年にオープンしたもんじゃ＆お好み焼き店「立花」も創業50年近い老舗で、町屋で知らない人はいない。都電荒川線町屋駅前から徒歩1分のところにある。テーブル席と座敷の下町情緒あふれる店内は、各テーブルに調味料のビンがズラリ。もんじゃにはこんな調味料が必要な

店の看板メニュー「塩もんじゃ焼き」

町屋駅前から徒歩１分の「立花」外観

のだ、と改めて驚かされる。

「この店は、おふくろが最初にやってたんですけど、早くに亡くなりましたので、ボクだけになって、もう41年ですね。もんじゃは基本的に自分で味付けするものです。自分の味付けで食べる。昔から食べてる人は、自分の味というのがありますからね」とご主人の加納広行さん。

月島のもんじゃはあらかじめ味が付いて出て来るのが多いが、立花は一切味を付けないのが流儀。味を付けるのは客なのだ。オリジナルメニューに力を入れ、「常に進化を続ける店」として評価されるだけあって、基本へのこだわりが感じられる。

加納広行さんが提供するもんじゃは、オリジナリティにあふれている。代表メニューの一つである「ホルモンもんじゃ６８０円」は、ＴＶチャンピオンにも出品。試食した出演者に大絶賛された。丁寧な下処理が施されてホルモンの臭いもないので、酒のつまみに合う。また、「あらかわもんじゃ学研究会」のメンバーが立花を訪れた際、リクエストで誕生、以来、お店の看板になっているのが「塩もんじゃ６８０円」。具材にちりめんじゃこ、ネギ、塩昆布がたっぷり入りった一品で、ウスターソース味のもんじゃに慣れている人には、その革新的な味に驚く。絶妙な塩加減とさっぱりした口当たりで、ちょっと焦げた生地の香ばしさがまたいい。他のメニューも豊富で、海鮮焼き、焼きおにぎり、アンズアンコ巻きなどバラエティ豊

もんじゃ大好き人間が集まった「荒川もんじゃ学研究会」発足時メンバー

町屋のもんじゃ焼きはダシと具を混ぜ、一気に流し込む。

香ばしいニオイがしてきたら完成！焦げても美味しい！

かにそろっている。

荒川区町屋1－2－3　☎03－3800－9661
平日：17時30分～25時　土日祝：17時～25時　無休

荒川のもんじゃ焼きの良さをアピールする「あらかわもんじゃ学研究会」

もんじゃ焼きは、東京の下町では、子ども向けのおやつ、あるいは家族で囲む食事として、かなり以前から食習慣に組み込まれていた。その荒川のソウルフードとも言われるもんじゃ焼きの良さをさらに追求し、その美味しさと親しみやすさを内外に宣伝しょうと、有志たち数人が集まって、２０１２年12月、「あらかわもんじゃ学研究会」が発足した。

会の活動はかなり本格的で、これまでに、あらかわもんじゃマップ、もんじゃノボリ、オリジナルヘラなどの製作配布。ハイサワーで有名な博水社ともコラボイベントし、また、ラジオ出演、雑誌取材、テレビ出演などで、大々的に荒川区のもんじゃ文化を伝えている。Ｙｏｕｔｕｂｅチャンネルを開設した。中でも評価されているのが、子どもたちにもんじゃの歴史を教え、実際に焼いて食べてもらう「子どももんじゃ焼き教室」の開催だ。

会長の鵜飼新介さんは、「荒川では、戦前から駄菓子屋の奥座敷で子ども同士でもんじゃを楽しんでいたという証言もあり、歴史も相当古いはず

イベントでは、もんじゃのふるさと「あらかわ」を幟でアピール

もんじゃ焼きの魅力を体感してもらう催し「もんじゃ子ども教室」

です。区内には約60店のもんじゃ焼き屋が点在しており、もんじゃの発祥地は諸説ありますが、荒川もその一つと考えています」と話す。

また、会を立ち上げた大きな理由は、「荒川区は23区の中でも地味な存在だと言われ続けてきました。ひと言で荒川区の魅力を伝えられるもので、荒川区を盛り上げたいと仲間と考えていたときに、『そうだ、もんじゃがある！』と気づいたからです」ということだ。

活動の柱は二つあり、もんじゃの美味しさと親しみやすさを広く伝えること。そして、荒川区のもんじゃ文化を研究することだとか。発足以来、日暮里駅前で毎年実施される「荒川フードフェスティバル」など、区内で行われるフードイベントにも参加。食べ歩きなどを行う他団体との協力も積極的に行っている。

荒川区の名所旧跡の一つ町屋の一本松跡(庚申塔)

尾竹橋通り商店街を道なりに進み、一本松交差点近くで左折すると「一本松グリーンスポット」と呼ばれる小さな公園がある。中央に子どもを抱えて上げて喜ぶブロンズ製の母子像が立っている。「愛」と題された、彫刻家・一色邦彦氏の作品だ。

そしてこのグリーンスポットの一角に、荒川区の名所旧跡の一つ「町屋

町屋の一本松跡の庚申塚は荒川区の名所旧跡として守られている。

荒川区内のもんじゃ焼き店が集結した「あらかわもんじゃマップ」

の一本松跡」がある。

現在の松は残念ながら植え替えられたものだが、かつて一本松の根元にあった「庚申塔」は、今も残されている。「町屋の一本松跡」は庚申塚のことなのだ。

現地に設置されている「寛文八年九月銘庚申塔（町屋の一本松）」の説明板には、次のようにある。

「この庚申塔は元禄六（一六九三）年に植樹されたと伝えられる一本松の根元にあった。町屋の一本松は、江戸時代、三河島村との境に位置し、根元の庚申塔は四坪ほどで丸い小丘をなしていたという。今では寛文八年（一六六八）九月吉日銘の庚申塔が残るのみで、松も戦災で枯死してしまった。ただ、「三河島八景」のなかに「庚申塔の暮雪」として、庚申塔とかつての一本松が雪景色を背景に描かれており、往時を偲ばせる。平成六年に誕生した一本松グリーンスポットは、この町屋の一本松に由来する。
荒川区教育委員会」

庚申信仰は中国から伝来したもので、江戸時代に民間信仰として流行した。そして庚申塔は、60日に一度、庚申の日に巡って来る「庚申待」を3年間続けた記念に建立されることの多い石碑で、全国各地にある。「申」は干支で猿に例えられることから、「見ざる、言わざる、聞かざる」の三猿が刻まれていることが多い。

町屋二丁目
旅館
まちや
荒川銀座商和会
町屋二丁目
ローラースケート
10月1日開場
こどものらくえん
斉藤寝具店
三井銀行
マルセン
カーサービス

乗換え客が多い「町屋一丁目」(現・町屋駅前)に停車中の㉗赤羽行き6000形(左)と、三ノ輪橋行きの8000形(右)

私鉄どうし、鉄道線と軌道線の乗換え駅は昔も今も大いに賑わいを見せている。町屋駅は京成電鉄の主要駅の1つで、高架線で荒川線の線路を乗越える。両線の駅は若干離れているので、両駅を結ぶ小路がいつしか飲食店、居酒屋、食料品店、衣料店などが連なる商店街に進化した。都電側から見ると、ここで乗降し、乗換える客の数は多く、中核停留場の1つになっている。現在も基本的には変っておらず、人の動きが活発な停留場である。◎町屋一丁目(現・町屋駅前)　1969(昭和44)年12月20日　撮影：荻原二郎

SA 07

町屋二丁目

町屋はかなり早くから開墾されて「町場」ができ、これが「町屋」の地名につながっていると言われている。この地域からは鎌倉後期の板碑も出土しており、中世にはすでに村落が形成されていたのではないか、と思われている。慶長年間（1596〜1615）の開創と言われる慈眼寺境内の石仏群は江戸期のものが多いが、どれも古びており町屋の古い歴史を物語っている。町屋村時代に、村の鎮守として勧請された町屋稲荷には、1647（正保4）年造立の庚申塔が立っており、これは区内で最も古い。とはいえ江戸時代は田園地帯で、米のほかに大麦・大豆などを産出。特産に荒木田大根があった。明治になると近代工業が進出し、中小の工場が建ちはじめたが田畑の多い地域であることには変わりなかった。王子電気軌道の開業当初もこの辺りはまだ田園地帯で、王電の開通によって、だんだん都市化が始また。停留場が開設されたのは三ノ輪線が開業した時ではなく、1937（昭和12）年であった。

古くから町屋村の人たちの崇敬を集めて来た慈眼寺

“朝日薬師”のご利益寺 慈眼寺

町屋二丁目停留場から北へ約100メートルのところに、真言宗豊山派の慈眼寺がある。江戸時代まではさらに北へ約100メートル先の現・町屋第二児童遊園の地域にあったという。

慈眼寺は医王山普門院と号する。開山は慶長年間（1596〜1615）で、本尊十一面観音。弁天、稲荷の二社を有していたと伝わる。幕末や明

慈眼寺の壁面に祀られた本尊の朝日薬師如来像

1678(延宝6)年の如意輪観音を刻した石塔

新しいお墓のあり方「オリーブ樹木葬」も提案。

治初期に荒廃して廃寺となるところだったが、檀家一同の努力で1873(明治6)年に現在地の薬師堂(本尊・朝日薬師如来)に移転して再興した。

〝朝日薬師〟は、江戸時代初期の慶長3年の開山で、当初から本尊・朝日薬師如来に対する信仰は厚く、さまざまない霊験が語り継がれている。

たとえば、「眼病を患い種々の妙薬をつけても効き目がなく困っていると、朝日如来が夢枕に現れたのでさっそくお参りしたところ、たちまちに元の清眼に戻った」「産授乳がとまって困った母親がお参りして帰ったところ、滝の如く乳がでるようになった」などだ。これらのことから「ご利益寺」とも言われている。荒川辺八十八ヶ所霊場9番札所、豊島八十八ヶ所霊場65番札所でもある。

境内には、1663(寛文3)年銘及び1678(延宝6)年の如意輪観音を刻した石仏ほか、多数の石造物がある。また、興味深いのは、境内にオリーブの木を植えて「樹木葬」を実現していること。これは永代供養とおしゃれな石碑付きのお墓で、昨今の世相に応える形で設けたものだ。歴史があるだけでなく、進取の精神にも富んでいる寺院のようだ。

荒川区町屋二丁目20－12「町屋二丁目停留場」徒歩3分

世界初のぬり絵専門美術館外観

「きいちのぬりえ」を中心に展示
ぬりえ美術館

町屋にある「ぬりえ美術館」は、世界初のぬり絵専門美術館として2002(平成14)年に開館。すでに19年の実績を積んでいる。オーナーの金子マサさんは、「大切な子ども時代に遊んだぬりえを通じて、古くからある日本の良さを再認識し、こころの豊かさを取り戻してほしかった」と、この美術館をつくったきっかけを話す。金子さんは、「父の姉がきいちと結婚しているんです」ということで、蔦谷喜一の義理の姪にあたる。そして、金子さん自身が幼い頃からきいちのぬりえに親しんできたので、「このまま、ぬりえの文化が消えてしまうのはもったいない!」と、いまも使命感に燃えている。「ぬりえは、子どもの遊びですが、大人にとっても心の情操を養う、心の遊びになりますから」とも。

館内は、当然ながら蔦谷喜一の作品「きいちのぬりえ」を中心に構成され、戦前の1930年代のものや現代における国内外のぬりえも収蔵・展示している。それもただ展示するのではなく、常設展と企画展に分け、常に目先を変える工夫をしている。また、現在は自粛中だが「ぬりえ体験コーナー」も設けられている。このコーナーは、中庭に面しており、春には庭に植えられている黄緑色のウコン桜を眺めながらぬりえが楽しめる、とい

「きいちのぬりえ」を中心にさまざまなぬりえコレクションを展示

う贅沢な時間が過ごせる。

月替わりのぬりえが展示されているエントランスでは、ぬりえや書籍のほか、オリジナル商品の缶バッジ、クリアファイル、マスキングテープなども販売されている。どの商品にも愛らしいきいちの絵が描かれ、選ぶのに時間がかかるほどだ。

荒川区町屋4－11－8「町屋二丁目停留場」下車徒歩7分 03－3892－5391
土日祝のみ開館 12時～18時(3～10月)、11時～17時(11～2月)
中学生以上500円・小学生100円・小学生未満無料

珍しい外国のぬりえも多彩にそろっている。

少女から中高年の女性に人気の画家・塗り絵作家・蔦谷喜一氏

手のひらサイズのパッケージも人気。ミルクあんの「ゆうゆう都電」

町屋二丁目停留場のすぐ前にある「竹隆庵《ちくりゅうあん》岡埜《おかの》町屋店」で売られている都電をモチーフにした焼き菓子「ゆうゆう都電」は、都電ファンなら誰でも知っているはず。ミルクあんを都電の形の皮で包み込んだ焼菓子で、口当たりのほわっとした甘さは緑茶だけなく、コーヒーに合うと、若い人にも人気だ。もちろん、人気は都電形のパッケージで、表と裏にそれぞれ「三ノ輪橋行き」と「早稲田行き」の2種類が印刷されている。電車の正面や反対側にもイラストが描かれており、都電好きには「芸が細かい!」と評判がいい。都電沿線のお土産としてもよく売れる焼き菓子だ。荒川区の「区民が選んだおすすめのお土産」に選ばれている。

1個200円(税別)。

荒川区町屋2-17-2
03-3810-4617
9時30分~18時30分
日祝は~18時 水休

町屋二丁目停留場前にある「竹隆庵岡埜町屋店」外観

“区民が選んだおすすめのお土産”に選ばれている竹隆庵岡埜の商品

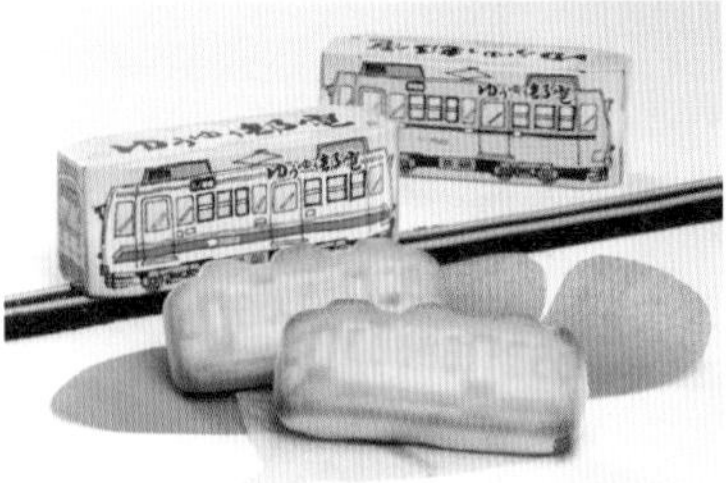

手のひらサイズの都電パッケージも人気の焼き菓子「ゆうゆう都電」

荒川二丁目・七丁目付近(大正５年)

三ノ輪停留場を出た王子電気軌道は、北西に走った後、今度は真っすぐ北に向かうこととなる。この当時は三河島、博善社前の電停があったが、現在は荒川二丁目、荒川七丁目と名称が変わっている。この東側、隅田川の流れとの間に広がっているのは、1922(大正11)年に竣工した、三河島汚水処分場。その後、三河島下水処理場などと名前を変え、現在は三河島水再生センターとなっている。

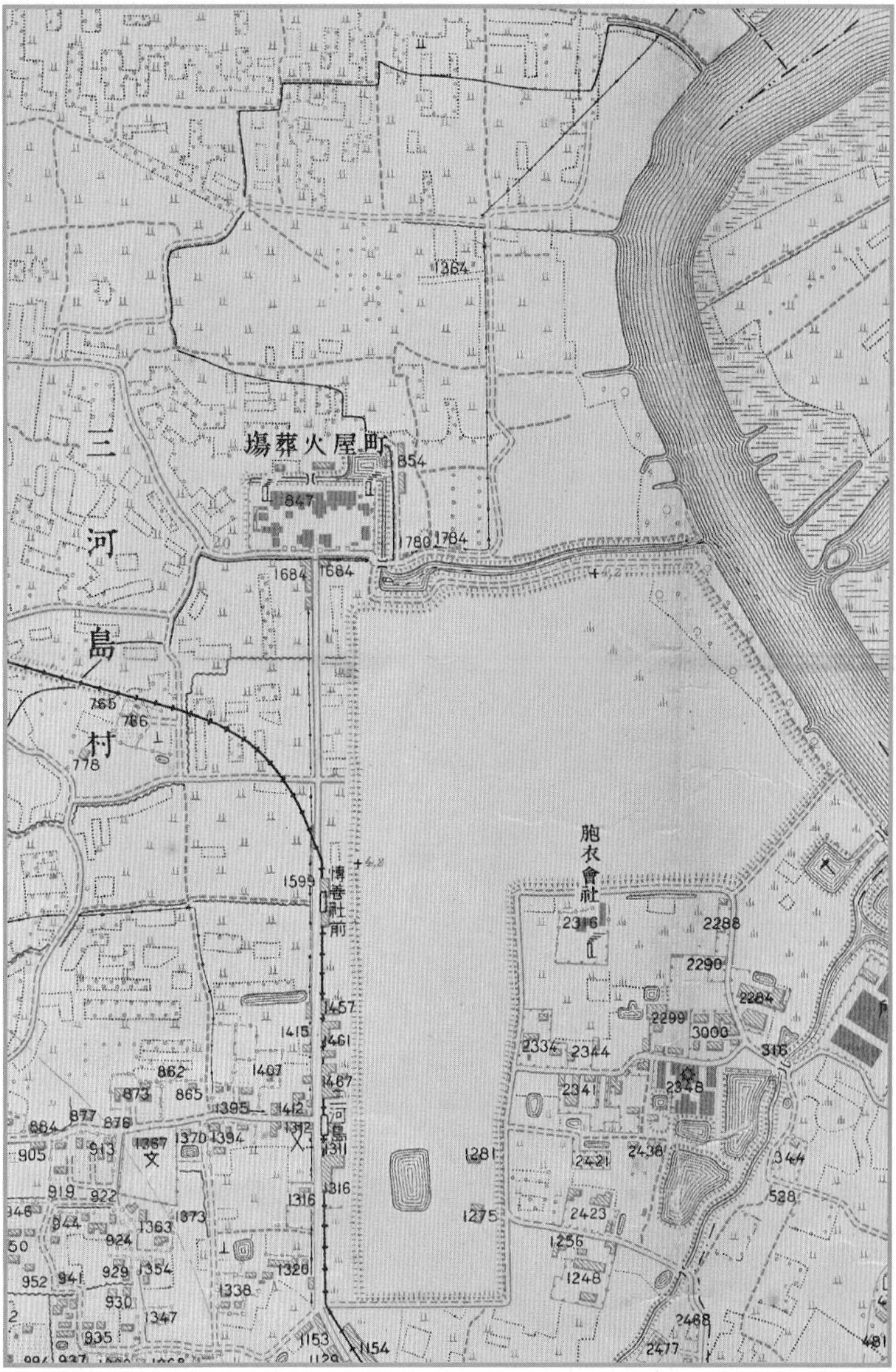

帝国陸軍参謀本部陸地測量部発行「1/10000地形図」

SA 08

東尾久三丁目

1958(昭和33)年までは「下尾久停留場」と呼ばれていたが、その後、「尾久一丁目」に変わり、1964(昭和39)年の住居表示変更に伴い、「東尾久三丁目」となった。

尾久は、江戸時代の上尾久村・下尾久村・船方村の一部からなる地域で、古くは「小具」「越具」「奥」とも書かれていた。阿遮院や満光寺などに鎌倉・室町時代の板碑が伝わっており、古い歴史を持つ地域だということがわかる。江戸時代には尾久大根などの野菜の産地として知られ、区内でも長く農村部であった。しかし王子電気軌道の開通で急速に開け、明治時代以降には赤レンガで知られる変電所の開業、王電の運行、旭電化の開業などで近代化が進んだ。1963(昭和38)から1966(昭和41)年の住居表示によって現在は東尾久、西尾久に分かれている。

昭和の時代に建て替えられた赤いモダンな山門が目を引く満光寺

光が満ちあふれる寺、という意味がある満光寺(浄土宗二葉山尾久院)

赤いモダンな山門と、鉄筋コンクリート造の立派な本堂に圧倒されるが、これは1969(昭和44)年に建て替えられたもの。当時、二羽稲荷社と二葉閻魔堂は失われ、ご本体だけが本堂に祀られていたが、1974(昭和49)年に、江戸時代の記録に基づいて造り直された。また、1986(昭和61)年から墓地を整備。納骨堂の上に阿弥陀如来像を安置した。尾久本町通りに面した場所にあった二葉地蔵も移されている。毎月9が付く日は満

本堂も建て替えで鉄筋コンクリート造の2階建てになっている。

荒川区の文化財の一つ・木造閻魔坐像(元禄十六年七月銘)
提供：荒川ふるさと文化館

光寺の縁日だが、二葉地蔵の縁日でもある。

寺名には、「阿弥陀如来の光が満ちあふれている」という意味が込められているという。浄土宗の寺院で、二葉山尾久院とも称される。江戸時代の水害で詳細な歴史はわからなくなったが、当初は天台宗の寺院として、南北朝末期から室町時代に建立された、と推測されている。

境内には、1375(永和元)年銘や天文年間(1532〜55)の板碑が6基(内4基は中庭にある)、また庚申塔が2基あり、永い歴史を持つ寺であることが証明されている。

板碑というのは、故人を供養するための石の卒塔婆のことだ。鎌倉時代から江戸時代にあけて、主に関東や東北で作られた。また、二葉地蔵、二羽稲荷、二葉閻魔大王など、二葉家ゆかりのものが多い。稲荷だけ「羽」の字が使われているが、これは満光寺の寺紋である「違い鷹の羽」に通じるものがある。明治時代の初め、下尾久村の初等教育機関として私立の「井上小学校」が置かれていた。

荒川区東尾久3-2-4
「東尾久三丁目停留場」徒歩3分

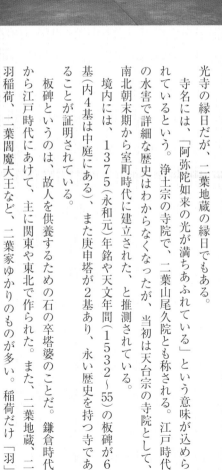

尾久の原公園北側には約200本のシダレザクラが植えられている。

自然の原っぱや湿地を活かした尾久の原公園にあるトンボ池の木道

トンボと水の流れに戯れる…
尾久の原公園

隅田川沿いの約6万平方メートルという広大な敷地は、かつて旭電化工業の尾久工場があったところだ。その跡地を、戦後、東京都が買収し、その東半分を公園として整備。1993(平成5)年に「尾久の原公園」として開園した。荒川区唯一の都立公園である。

この公園の魅力は、自然の原っぱや湿地などをそのまま活かしていること。芝生広場やクローバー広場など、緑のじゅうたんが広がるような大きな原っぱは見事だ。また、湿地には、全国有数と言われる約30種のトンボや、ザリガニやカエルもが生息しており、60種以上の野鳥も確認されている。

公園北側には、区民が植樹した木を含めて、およそ200本のシダレザクラがあるので、春は一面ピンク一色。毎年4月に「シダレザクラ祭り」も開催されている。

夏になると、ジャブジャブ池が子どもはもちろん、大人にも人気で、遊具などの施設がなくても、一日遊べる！と喜ばれている。秋はトンボや昆虫を追い、冬にはトンボ池に鴨、コサギ、アオサギのほか、カワセミ、カワウ、カモメなども飛来も見られ、都内とは思えない自然がいっぱいの公園だ。

東尾久三丁目付近を走る都電。線路を挟んで「地元の絵葉書屋さん」の看板が見える。

なお、西半分には、東京都立大学荒川キャンパス、東尾久運動場、東尾久浄化センターなどがある。

荒川区東尾久7丁目「東尾久三丁目停留場」徒歩10分

都電荒川線のイラスト絵葉書を制作・販売
地元の絵葉書屋さん

東尾久3丁目の看板屋さん、(有)たくみの都電に面した外壁に、都電荒川線のすべての停留場を絵ハガキにして並べた面白い看板が掛かっている。プロジュースしたのは「地元の絵葉書屋さんちび太ａｓｏ」で、オーナーは麻生和茂さん。絵ハガキを描いたのは、神戸在住のイラストレーター・よひなよしかずさん（もふもふ堂Ｔｏｋｙｏ）だ。都電ファンでなくても、立ち止まって30停留場をいちいち確認したくなるリアリティあふれる作品で、イラストレーター・よひなさんの人柄か、ほのぼのとした温か味が立ち上がってくる。

企画・編集を担当するプロジューサーの麻生さんは、梶原電停のそばに生まれ、地元の小中学校を卒業し、工業高校・工業大学を卒業して、インテリアの仕事をしていた。そして33歳の時に独立、ＩＴ関係の仕事を手掛けていたが、還暦を機に子どもの頃から都電が好きだったこともあり、「そうだ、都電の絵葉書を残そう！」と、２０１７(平成29)年に「地元の絵葉

子どもたちに人気の黄色い電車。(森さん絵葉書・飛鳥山)

都電の絵ハガキづくりは、地元愛の強い麻生和茂さんのアイデア。

書屋さん」を起こしたという。

一方のイラスト制作を受け持つよひなよしかずさんは、ポップで繊細でノスタルジックなイラストを得意とする。現在、神戸が本拠地。もともと、よひなさんが描いた神戸市電の絵を見て、麻生さんが惚れ込み、いろいろ話をしているうちに意気投合。よひなさんも東京に工房「もふもふ堂Tokyo」を作り、意欲的に麻生さんと一緒に制作に励んでいる。

ちなみにもふもふ堂の意味は、「毛布に包まって眠るしあわせのように、見る人の心にやさしさを届けたい」という、よひなさんの思いを表したもの。まさに「夢」づくりのコラボレーションだ。

絵葉書 5枚セット シリーズ1~6 特別編1~2 各650円
問い合わせ先:北区上中里3-9-5
03-3919-2246(地元の絵葉書屋さん)

都電のある風景をいつまでも残したい!
版画家・森雅代さんも都電絵葉書を作成

森雅代さんが都電の絵を描くきっかけは、2003(平成15)年に東京都、東京商工会議所が中心になって企画した「江戸開府400年東京」のイベントだったという。その一環としてある企画会社から、「江戸幕府から400年を経た今も、戦前からの良き東京の面影を残している風景の一

「都電のある風景いつまでも残したい！」と森雅代さん

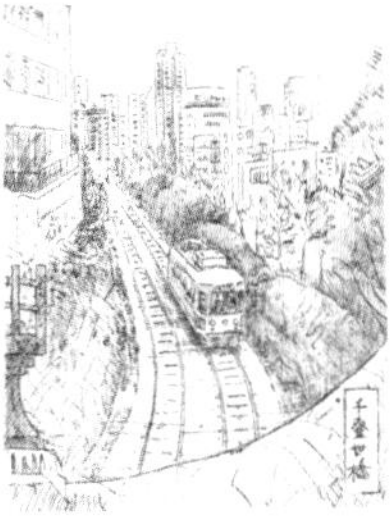

千登世橋からの眺めは郷愁を誘う。（森さん絵葉書・千登世橋）

あらかわ遊園入口にある一球さん。（森さん絵葉書・荒川遊園）

つ、東京で唯一残った荒川線をテーマに作品を描いてほしい」と依頼されたのだ。

「私は神奈川育ちで、路面電車が東京の街を縦横無尽に走っている頃の風景はほとんど知りませんでした。でも取材していくうちにいろいろな発見があって楽しかったです。特に荒川区は下町の風情がたくさん残っていて、描いていて懐かしい思いがあふれました。いま沿線が変わって行くのを見ると寂しく感じますね。いつまでも下町を代表する都電荒川線は残っていてほしいです。それぞれに描いた絵にはそんな共通した思いを込めています」と森さん。

これらの絵は「都電荒川線の絵葉書」として作成され、沿線にあるカフェなどに飾られている。パステルカラーで描かれた繊細なタッチだが、温かみのある筆致と色合いが見る人に郷愁を誘う。

<森雅代さんプロフィール>

1960年　神奈川県生まれ
1987年　東京芸術大学大学院修了

■グループ展

1988年　東京芸大・アルバータ州立大版画交流展
2003年　名古屋三越　２人展
2011年　「冬の木」森岡書店（茅場町）２人展
他多数

■個展

アユミギャラリー（神楽坂）、ウィリアム・モリス（渋谷）、小松庵総本家銀座、他多数

■その他

詩集等の表紙挿画多数

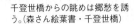

都電 delcorazon《デルコラソン》 こころの荒川線

かつては東京の街を縦横無尽に走り廻っていた路面電車。現在は唯一、都電荒川線だけが残り、地域の身近な足として親しまれている。沿線にはバラや桜の見どころ、歴史・文化に触れる名所旧跡も多く、観光客にも人気だ。時代は変わって行くが、人びとの荒川線への愛はいつまでも変わらない。都電の絵ハガキにはそんな思いが込められている。

Series.05

- 屋駅前
- 屋二丁目
- 尾久三丁目
- 野前
- ノ前

Series.06

- 三ノ輪橋
- 荒川一中前
- 荒川区役所前
- 荒川二丁目
- 荒川七丁目

Series.特別編

1. 巣鴨地蔵通り商店街
2. 旧古河庭園
3. 平塚神社
4. 都電もなか明美
5. 荒川遊園地

イラスト制作
もふもふ堂 Tokyo

東尾久三丁目
東尾久三丁目
日本盛
6180
27

昔からの沿線風景を残していた頃の東尾久三丁目(旧・尾久町一丁目)電停に到着した㉗系統三ノ輪橋行きの6000形電車

鉄路と簡易な低床ホーム、そしてホームに面した飲食店、居酒屋…。かつては各地の専用軌道区間に見られた懐かしい風景である。当電停は京成電鉄の町屋駅にも近く、乗っても歩いてもすぐ到着する距離にあった。沿線の建物は木造の住宅とアパート。これも荒川線らしい風景で、どこかほっとする庶民性が漂っていた。夕餉(ゆうげ)の支度でサンマの煙が車窓から流れてくるのが荒川線の捨てがたい味わいでもあった。現在は街が綺麗になっているが、そのぶん庶民性は薄らいだようだ。◎東尾久三丁目　1970(昭和45)年11月12日　撮影：荻原二郎

SA 09

熊野前

王子電気軌道の三ノ輪・飛鳥山下間は、1913(大正2)年4月に開通したが、「熊野前」は、その時の停留場名として付けられた。かつて東尾久地域に存在した「熊野神社」にちなんだものだという。

熊野神社は、元亨年間(1321〜23)に豊島景村が紀州熊野から勧請したと伝えられている。都電が開通する前の1878(明治11)年に八幡神社に合祀されたが、その後も現在地に小祠を残していたようだ。村人たちの熊野信仰への強い思いがうかがえる。

行政上の地名としては現存しないが、都電の停留場名だけでなく、日暮里・舎人ライナーの駅にも「熊野前」と付けられている。熊野前停留場は、このライナーの接続駅でもあるのだ。

2008(平成20)年に開業した日暮里・舎人ライナーの熊野前駅

21世紀の新交通システム日暮里・舎人ライナー

日暮里・舎人ライナーは、荒川区の日暮里駅を起点として、足立区の見沼代親水公園まで9・7キロメートル13駅を、約20分で結んでいる新交通システム。都電と同じく東京都交通局が運営する、案内軌条鉄道(AGT)路線である。AGTというのは、走行路面上の中央または側壁にある案内軌条に案内輪をあてて、ゴムタイヤで走行する交通機関。ゴムタイヤで走行するが、鉄道の分類形態の一つである。日本では鉄道事業法において鉄

商店街入口から都電を見る

行き交う人々で賑わっていた昭和40年代の熊野前商店街

道、軌道法において軌道（案内軌条式）と定義され、法的には鉄道・軌道の一種となっている。

工事は１９９７（平成９）年12月からスタートし、２００８（平成20）年３月に開業した。荒川区には13駅のうちの４駅（日暮里・西日暮里・赤土小学校前・熊野前駅）が存在する。沿線は下町情緒が残るエリアから豊かな自然が広がるエリアまでつながり、車窓からの風景を楽しみながら移動できる。高架の専用軌道をゴムタイヤで走行するため、騒音はまったく感じない。いわば低空を有視界飛行で飛んでいるような乗り心地だ。お得な都営まるごときっぷ（１日乗車券）を購入すれば、日暮里・舎人ライナー、都電荒川線の乗り降りだけでなく、都営地下鉄、都バスも１日に限り何回も乗車できる。大人７００円、小児３５０円

ヨガフェスティバルでグランプリ！ はっぴいもーる熊野前商店街

熊野前停留場からすぐのはっぴいもーる熊野前商店街は、南北約４５０メートルに約80軒の店が連なり、下町の活気を感じさせる商店街だ。南端からは、おぐぎんざ商店街、川の手もとまち商店街につながり、いわば商店街天国に思えるエリア。それぞれに個性を競っている。

はっぴいもーる熊野前もアーチをくぐると、その先にはさまざまな店舗

鮮やかな衣装で商店街を元気にする恒例のイベント「カーニバル」

熊野前商店街の最新のイベント「ヨガフェスティバル」

商店街のイベントがあると、みんなが集まり、活気に包まれる。

が並んでいる。全面カラーレンガ舗装化で明るくなった通りは、自転車での通行もほとんどないので、歩行者天国のように道の真ん中を安心して歩ける。

「でも、昔に比べると店舗数がずいぶん減りました。代替わりしている店もあるし、昔からやってる店でも、後継者がいなくてもう辞められた店、廃業してどこかに行かれた店もありますから」とやや寂しそうに話すのは、熊野前商店街振興組合副理事長の石坂さん。賑やかだった往年のイメージが忘れないようだ。それでもこの商店街は、まだまだ元気だ。昔の写真を見せてもらうと、仮装行列や盆踊り、カーニバルの写真が多い。

「いまでもカーニバルなどいろんなイベントをやっています。ここ2年ほどコロナ禍で大人くしていますけど、一昨年からはヨガフェスティバルをやり始めました。若い人が中心になって頑張ってくれています。コンクールで賞をもらったりしてます」(石坂さん)

2019年、東京都が、都内商店街の優れた取り組みを表彰・紹介する「東京商店街グランプリ」で、「熊野前ヨガフェス」を主宰する熊野前商店街振興組合がこれを獲得した。荒川区の商店街がこのグランプリを獲得するのは、前年の「遊園地通り商興会(西尾久)」に続く2年連続の快挙。

商店街で行うヨガを中心としたストリートイベントは、下町の有名

かつて「天才たけしの元気が出るテレビ」で紹介された時の記念「たけし猫」が商店街振興組合の事務所前に飾られている。

商店街中央にある「杉野中尉殉難の碑」。手入れも行き届いている。

杉野中尉慰霊塔のそばにある荒川区の説明板

店やハンドメイドなどの出店もあり、フリーマーケットが楽しめる。子どもからお年寄りまで、みんなが集まれる商店街のイベントは、まさに元気の源だ。

この商店街は、かつて「天才たけしの元気が出るテレビ」で取り上げられたこともあり、商店街振興組合の事務所前には、その時の記念として「たけしの招き猫」が大事に保存されていた。

杉野中尉殉難の碑（区登録）

熊野前商店街の中ほどに「杉野中尉殉難の碑」が建っている。この碑は、1917（大正6）年3月25日、陸軍工兵杉野治義中尉が陸軍野外飛行で墜落死したのを慰霊したもの。杉野中尉は、下志津（千葉県）から所沢（埼玉県）への帰航中で、突然の旋風にあおられ、機翼を折って500メートルの高さから尾久村の水田に墜落したという。当時、このあたりは一面の水田だったので、人や民家の被害は出なかったが、今日であれば大惨事になるところだった。

しかし、日本の航空界における初期の犠牲者でもあることから、一周忌を期して在郷軍人尾久村分会が慰霊碑を建立した。表面に刻まれている文字は満光寺住職高田隆光の筆によるもので、今でも毎年命日には商店街で供養を行っている。

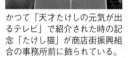

赤羽
7509
27
JUN
HOTTA
BENKYODO
サイキン

沿線の道路整備が進み始めた頃の「熊野前」停留場に停まる㉗系統の7500形２両

旧王電の沿線には広い道路がなかったが、クルマ社会を迎えて昭和40年代から道路整備が始まっていた。写真は再開発が始まった頃の記録である。現在は小台～熊野前間が荒川線の専用軌道を中央に挟んだセンターリザベーション区間になっており、熊野前電停の頭上には日暮里・舎人ライナーの熊野前駅が開設され、それと並行して尾久橋通りも立体交差している。近くには「東京都立大学荒川キャンパス」と桜の名所「尾久の原公園」がある。かつてののんびりムードは消えて、荒川線でも活力とスピード感のある電停に変身している。◎熊野前 1970(昭和45)年11月12日　撮影：荻原二郎

SA 10

宮ノ前

都電荒川線の「熊野前」「宮ノ前」「小台」辺りは、専用軌道を走らずに一般道路を車と一緒に走る区間。年配者には懐かしい路面電車の姿が見られる。

「宮ノ前」という停留場名は、すぐ前に尾久八幡神社があることから付けられた。この神社は、南北朝時代の1385(至徳2)年の棟札があるところから、少なくともそれ以前からあったはずで、江戸時代に幕府が編纂した地誌「新編武蔵風土記稿」には、上尾久・下尾久・船方の三村の鎮守と記され、昔から農工商の神様として地域の人々に親しまれてきた、とされている。

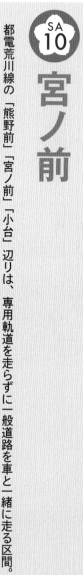

神社前の歩道をよく見ると、白いタイルでジグザク模様が付けられている。これはかつてあった八幡堀の水の流れをイメージした意匠とか。八幡堀とは、今は暗渠となった音無川から分流した用水路で、隅田川へと注いでいた。荒川区が昔は農村地帯であったことを示すもので、近くの尾久宮前小学校の子どもたちが古地図で勉強し、その記録は手作り絵本にまとめられた。荒川区は、これをきっかけに「八幡堀プロムナード」を整備している。

八幡堀の水の流れを表現した神社前の歩道

停留場名の由来になった尾久八幡神社

尾久八幡神社の由緒については明らかではないが、鎌倉時代末期の1312(正和元)年に、尾久の地が鎌倉の鶴岡八幡宮に寄進された頃に遡ると考えられている。また、神社に残る棟札から、1385(至徳2)年には社殿が再建されたことが確認できる。祭神は応神天皇であり、現在の末

1955(昭和30)年に再建された風格のある社殿

宮ノ前停留場の目の前に鎮座する尾久八幡神社

神社前には「八幡堀プロムナード」「尾久村絵図」を紹介する説明板が立っている。

社殿左手にある巖島神社は古くからの末社だった。

社は、巖島神社である。

尾久宮前小学校の児童が「八幡堀」を発見するきっかけとなった古地図の原本「上尾久村村絵図」は、この八幡神社の所有物で、1990（平成2）年に荒川区の有形文化財に指定された。神社前には、八幡堀プロムナードの説明だけでなく、尾久村絵図を紹介する説明板も並んで立っている。

境内には、三春滝サクラや荒川区の保護樹木に指定されているケヤキ、イチョウの木が植えられており、四季折々の自然の変化もこの神社からの恩恵だ。毎年、例大祭が8月の第一土曜日と日曜日に行われ、特に4年に1度、盛大に行われる「神幸祭」は、馬や山車、御輿の行列が尾久の地域をねり歩く。また最近は、都電神社巡り4社の1社としても知られている。

荒川区西尾久3-7-3
「宮ノ前停留場」徒歩1分 境内自由

神社裏にある尾久八幡公園に掲げられる「八幡堀モニュメント」

暗渠になった水路の上に設けられた「八幡堀プロムナード」

写真右は、八幡堀プロムナードの起点となる八幡堀児童公園

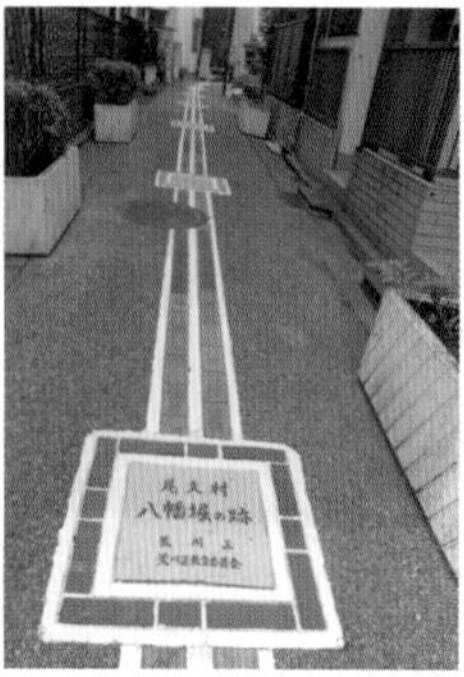

プロムナードは、川の流れをイメージした意匠、絵タイルで構成

暗渠になった音無川の上につくられた八幡堀プロムナード

1985(昭和60)年、尾久宮前小学校の生徒たちが偶然目にした古地図で、昔、この地域にあった用水路の存在を発見。自主的に八幡堀や音無川のことを調べ、先生や親たちもその地域研究に巻き込んだ。そしてその研究結果を形にしたいと、手作り絵本「ぼくたちの音無川」まで作った。この子どもたちの地域を愛する活動は高い評価を得て、第40回読売教育賞の最優秀賞を受賞している。

そしてこれをきっかけに荒川区は、地元の貴重な財産を永く将来に伝えたいと、暗渠になった水路の上を「八幡堀プロムナード」と名付けた整備を行った。プロムナードには、川の流れをイメージする意匠や、児童が描いた絵タイルが埋め込まれており、これは尾久宮前小学校から八幡堀児童公園まで断続的に続いている。また、荒川区では、「こんなに意欲をもって学習した次代を担う子どもたちのために、何か記念を」と、八幡神社の裏手にある尾久八幡公園に、高さ5メートルのモニュメントも設置した。子どもたちと地域住民、そして行政とのコラボレーションで生まれた八幡堀プロムナードは、西尾久地区の誇りとされている。

門前に「寺の湯跡」の説明板が立つ碩運寺外観

尾久花街の発祥、〝寺の湯〟で知られる碩運寺《せきうんじ》

尾久八幡神社の向かい、都電通りを隔てた道を入ったすぐ左側に碩運寺がある。門前に荒川区の史跡板「寺の湯跡」の標識が立っている。寺の湯とは、この寺が１９１４（大正３）年に開業した湯治場のことで、前年の王子電車の開通とともに尾久の町が発展するきっかけとなった。

碩運寺の歴史は古く、創建は１５９６（慶長元）年、栄殿和尚が開山、千田庄兵衛の開基と伝わる。当初は本所石原町にあったが、１９１０（明治43）年に現在地に移転した。

〝寺の湯〟と呼ばれた温泉が発見されたのは、ある日、足を怪我した子どもがお寺の井戸で傷口を洗うと、すぐに血が止まった。これを眺めていた松岡大機住職が不思議に思い、さっそく井戸水を検査してもらうと、ラジウム・エマナチオンを含んだ鉱泉であることがわかった。そこで住職は、地域の人たちのためにと、「寺の湯（後の不老閣）」と名付け、湯治場を開いた。

その後、温泉の効能は評判となり、周囲には温泉旅館が相次いで開業。娯楽センターとして地元だけでなく、多くの東京市民から親しまれ、尾久三業地の発展につながったという。三業とは料亭・待合・芸者のことだ。

都電沿線に面している「伊勢元酒店」外観

1936(昭和11)年、有名な〝阿部定事件〟が起こったの尾久の待合茶屋が舞台だった。しかし、戦後は、周辺に工場が建ち並び、こぞって地下水を汲み上げたこともあり、温泉は枯渇。尾久三業地も徐々に衰退し、現在では歓楽街として賑わっていた当時の面影は見当たらない。

荒川区西尾久2-25-21「宮ノ前停留場」徒歩2分

都電ブランド
「都電の街」シリーズ 伊勢元酒店

「都電の街シリーズを立ち上げたのは、大人向けの商品が欲しかったから」と、オーナーの鈴木英博さん。当時、都電にちなんだお菓子などが人気を呼んでいたが、甘いもの以外のお土産を考えた時、自分たちが扱っているお酒がいいのではないか、と閃いたそうだ。一人でやるよりもみんなでやろうと、有志を集め、下町の商品らしい親しみやすさを目指した。「栓を抜いたらチンチンと音が出るといいかもしれない」「都電の形をした酒瓶はどうか」などアイデアでは試行錯誤したが、結局、都電が走る風景のラベルをオリジナルに制作して、1991(平成3)スタートした。すでに20年以上の実績を持つ。最初に造られたのは日本酒で、1996(平成8)年に地ビール、その後、焼酎、ウィスキー、ワイン、そして梅酒もラインナップされた。都電荒川線の宮ノ前停留場前の店、という地の利もあって、いまだに店の看板商品になっている。

清酒720㎖1385円・1485円、ワイン720㎖1485円、ビール330㎖370円、梅酒300㎖405円。
荒川区西尾久2-25-20
03-3800-5959

伊勢元酒店が扱う「都電の街」シリーズ

都電の街を描いたオリジナルラベルも人気

東尾久三丁目、熊野前付近（大正５年）

三ノ輪付近では、町家の間を走っていた王子電気軌道（王電）だが、町屋を過ぎて、この尾久あたりになると、田畑の間を走ることとなる。置かれていた停留場は、下尾久（現・東尾久三丁目）、熊野前の電停である。「熊野前」は、その名の通り、ここに鎮座していた熊野神社に由来するものの、この時期すでに神社はなく、現在も電停や商店街の名称に残っているだけである。

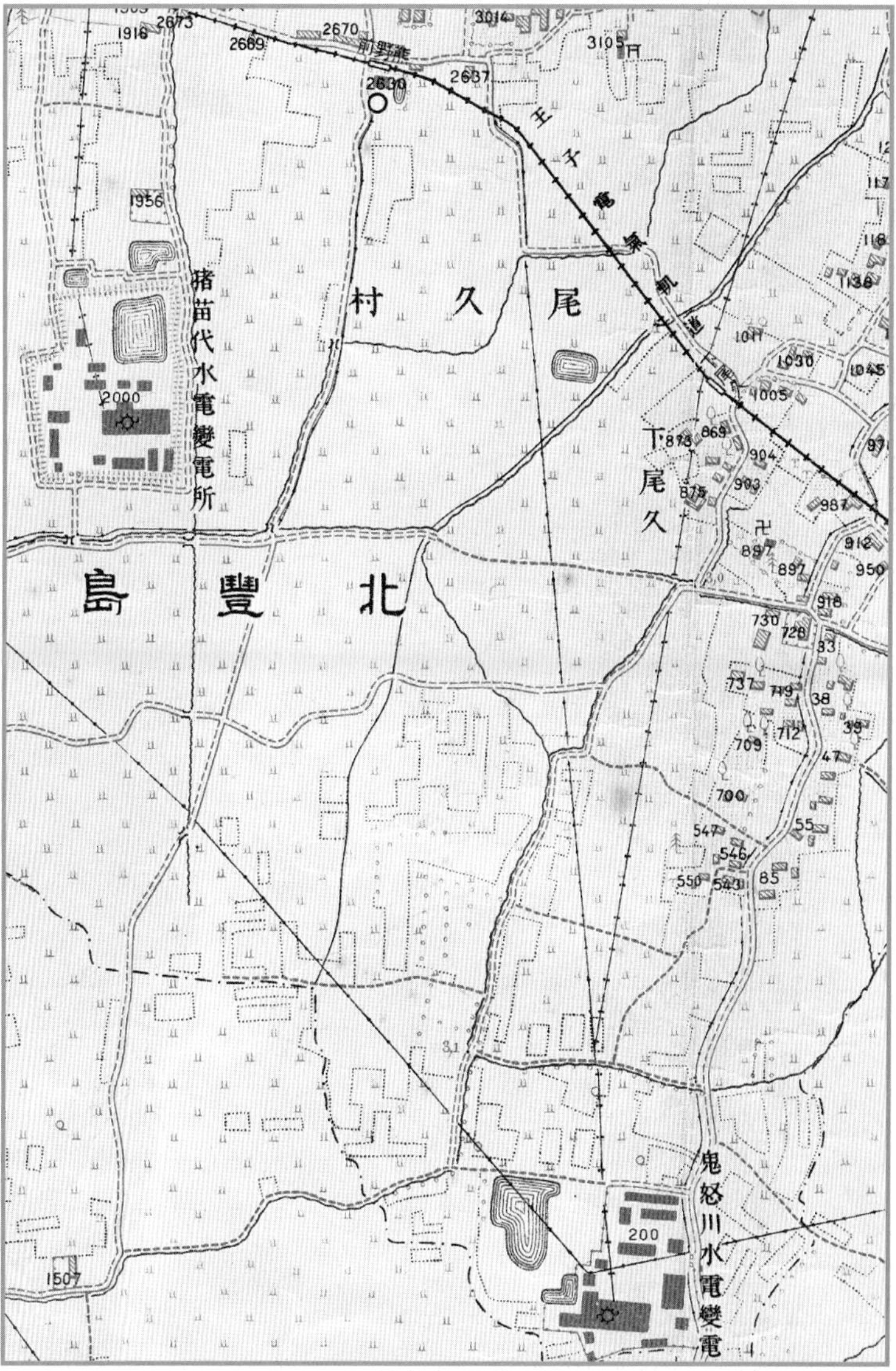

帝国陸軍参謀本部陸地測量部発行「1/10000地形図」

SA 11

小台

小台停留場は、荒川線と小台通りが交差するところにある。小台通りは隅田川の小台橋から南下してくる道だが、昭和8年にこの橋が架けられるまでは「小台の渡し」という船渡し場があった。このため「小台」の停留場名は、開業当初、「小台ノ渡」という名だった。

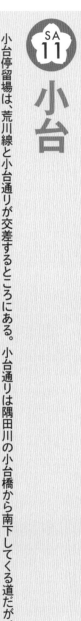

電停から南に狭い道と大通りがV字形に岐れているが、狭いほうが旧小台通りで、両側に商店が並び、〝小台銀座〟と称している。この旧小台通りは南北で商店会が分かれており、全長約600メートルの大きな規模を持つ。一方の広いほうはバスも車も走る小台大通りで、こちらは「あっぷるロード」としゃれた名前が付いている。いずれの通りも新旧の交代が目立ち、時代の流れを感じさせている。

変わり種のたい焼きメニューが人気の生活茶屋外観

ユニークなたい焼きメニューが話題に　和カフェ・生活茶屋

小台停留場から徒歩1分もかからない、大通りに面した「和カフェ・生活茶屋」。「昼のスナック」と思ってもらえるような、リラックスできる店づくりを目指してオープンしたという。オーナーの田中類さんが提供したのは「感動体験」とか。「お腹はもちろん、心も満腹になっていただきたいですから」と言う。

変わり種たいやきとしては、カレーとのコラボ。なんとたい焼きにカレー

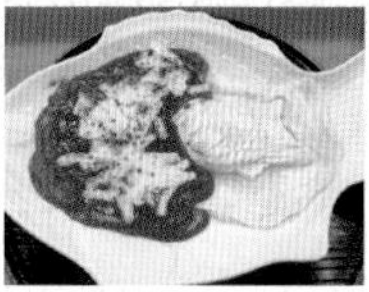
たい焼きにカレーをかけた「カレーチーズたい焼き」610円

一度食べたらリピートしたくなる「お好みたい焼き」550円

リラックスできる店づくりを目指した、落ち着いた雰囲気の店内

リニューアルでモダンな外観に生まれ変わった梅の湯

をかけた「カレーチーズたい焼き６１０円」だ！これは、ベーコン・エビ・チーズ・パプリカを具に入れた「たい焼き」に、カレーとチーズをかけ、バーナーで炙ったら完成というもの。たい焼きの皮にはお好み焼きの生地を使っているので、ナンのような味わい。モチモチした食感が楽しめる。

このほか、たい焼きを使ってアレンジした茶漬けやお好み焼き、たこ焼きたい焼きなど、オリジナルのメニューが味わえる。北海道産小豆を使った甘さ控えめの餡も評判だ。常連客には、カレーなどのランチメニューが人気だ。たい焼き飯５５０円、お好みたい焼き５５０円と、手頃な価格も常連客に喜ばれている。

荒川区西尾久2-37-6　03-6882-1936　11時～19時 火休

リニューアルオープンで一新！　モダンな現代感覚の銭湯「梅の湯」

小台停留場で電車を降りて、あっぷるロードと岐れる細い道の旧小台通りを抜け、続く小台銀座を入ってすぐのところに、目指す「梅の湯」はあった。

１９５１（昭和26）年に創業、という歴史を持つが、２０１６（平成28）年9月にリニューアルオープン。すでに5年経つがまだ真新しい感じの外観だ。改築では、出来るだけ広さを確保したいと、銭湯スペースを2階に上げ、１階は、住居部分や機械室、また、コインランドリー、焼き鳥屋を併設している。

改装前店舗のトレードマークは、かるたや国旗の天井絵

「梅男」「梅女」ののれんが掛かる梅の湯フロント

ウメの香り、ミルキーピンクの湯色が贅沢なオリジナル入浴剤

清潔な白で統一されたリニューアル後の梅の湯・洗い場

旧店舗で人気だったかるた絵を壁面に飾っている。

2階の銭湯に上がると、まず、広い休憩スペースがあり、壁には改装前の梅の湯のトレードマークだった天井絵(江戸いろはカルタ)が数枚飾られていた。「祖父が子どもたちが楽しみながら勉強できるようにと作ったものなので愛着があります。地域に親しまれている銭湯ですから、皆さんの想い出も大切にしたいので」と3代目店主の栗田尚史さん。

ポップで明るくかわいらしいロゴデザインの暖簾は「梅男」「梅女」とあり、若い店主のセンスを表現したもの。伝統を大切にしながら現代風の銭湯を目指す心意気が感じられる。

白が基調の清潔感のある浴室は天井が高く、天窓からの光のシャワーで気持ちがいい。豊富な浴槽数に加え、都内の銭湯で初めて設置されたという〝高濃度水素風呂〟、2種類の浴槽がある露天風呂や無料のサウナも人気だ。「お風呂での寄席やヨガ教室など、いまはコロナで自粛していますが、いろいろ企画しています。リニューアルして、若い人も目立つようになりました。地元のコミュニティスペースになればいいなと思います」(栗田さん)

梅の湯ロゴ入りのTシャツやオリジナルの入浴剤などのグッズ販売のほか、1階の「やきとり梅京」に気軽に立ち寄れるのも、この銭湯のもう一つの魅力になっている。

「小台停留場」徒歩7分 荒川区西尾久4-13-2 03-3893-1695
15時〜25時 月休 入浴料470円(サウナ含む)

都電ブランド
"都電銘茶"で知られるお茶の谷澤園

「お茶って簡単に言うけど、奥が深いんだよ」と谷澤園のオーナー・谷澤謙治さん。父親が静岡で創業したのは1923（大正12）年だが、東京へ来て小台で店を始めたのは戦後の1947（昭和22）年から。それでももう74年は経つ。ある時、都電に乗っていて、フッと閃いたのが、「都電銘茶」というネーミングだったという。しかし、商品化にするのには苦労したそうだ。「荒川車庫（東京都交通局・荒川電車営業所）に許可をもらいに掛け合ったんだけど、そう簡単にはいかなかったね」（谷澤さん）

やっと熱意が通じて、パッケージ化や販売許可をもらい、それからはトントン拍子。都電銘茶で使うのは、静岡産の「やぶきた」の深蒸し。茶葉の等級によって、三ノ輪橋から早稲田まで分け、パッケージにはそれぞれ電停名を入れている。なぜか三ノ輪橋は100g540円と安く、宮ノ前は864円、小台1080円、王子駅前1296円、飛鳥山1620円、面影橋は2160円と早稲田へ行くほうが高い。「一番売れるのが小台だね、手頃な値段で美味しいから」と言うが、地元愛も影響しているようだ。

「都電銘茶」の看板を掲げる谷澤園外観

都電銘茶の売れ筋は、地元の「小台」100g 1080円とか。

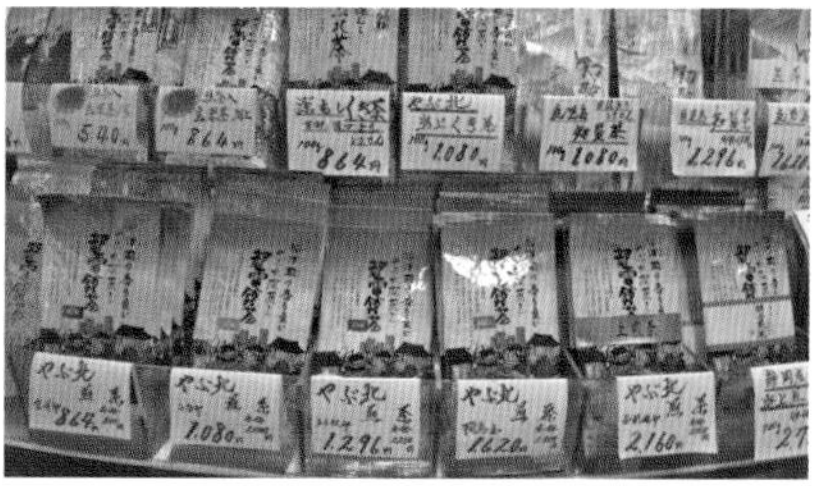
静岡産「やぶきた」の深蒸しを使った都電銘茶

荒川区西尾久3－21－14
「小台停留場」からすぐ。
03－3800－8881

SA 12 荒川遊園地前

荒川遊園地のある一帯は、江戸時代には大名屋敷があり、明治になって煉瓦工場が建ち並び、その跡地に遊園地が出来、戦時中は陸軍の高射砲陣地が設けられるなど有為転変している。

遊園地は、旅客誘致による増収を見込んだ王子電気軌道が開設したと言われるが、「王子電気軌道株式会社三十年史」によれば、当初は王子煉瓦株式会社の経営で、王電とは提携関係であったという。

その後、遊園地は王電の所有となるが、きっかけは、1923（大正12）年の関東大震災のようだ。つまり、震災の教訓で鉄筋コンクリートが普及し、日本のレンガ建築は衰退。これに伴って煉瓦産業は大打撃を受け、王子煉瓦㈱も、遊園地の所有権を王電に譲渡することになる。実際、王電側の記録（営業報告書の財産目録）にも、所有権は大正12年の下半期に移されたと記されている。その後、荒川遊園は、戦時中の鉄道会社統合などで東京都の財産となり、区境変更で荒川区に移管され、区営の遊園地となった。現在は大がかりなリニューアル工事の最中で休園しており、完成予定は来年の春頃だ。

老舗遊園地の「あらかわ遊園」。写真は1950（昭和25）年に荒川区の区立遊園地となった時のもの。

園内を彩るライトアップで夜間営業も実現 来春には誕生するニュー「あらかわ遊園」

リニューアル後のあらかわ遊園はどんなふうに変わるのか？　荒川区子ども家庭部荒川遊園課の藤井係長に聞いてみた。

「観覧車やメリーゴーランドなど大型遊具を刷新し、のりもの広場は大改修します。夜間には、遊具や園内をライトアップして、新たなあらかわ遊

来年リニューアルオープンする
「あらかわ遊園」の完成予想図

園の魅力を披露します。また、各建物に車椅子の方でも安心して利用していただけるトイレを設置するほか、観覧車、メリーゴーランド、豆汽車は、車椅子のまま乗車できるように、バリアフリーも向上させます。スワンの池のそばにある「都電一球さん号（旧6000形）は、休憩・食事スペースに改修し、周辺もカフェエリアに整備します」と藤井さん。

このほか、釣り堀は少し小さくなるが、新たにトランポリン状エア遊具を整備し、「しばふ広場」には35メートルのロング滑り台や複合遊具が設置される。また、センターハウス的な存在だった「キャンディハウス」は、「もぐもぐハウス」へと生まれ変わる。そして飲食・物販関係を以前よりも充実させ、2階には100席を超える休憩施設が備えられる。さらに建物内には、授乳室やオムツ専用ダストボックスを備えたベビールームが出来る。

今回、新たに建設する「わくわくハウス」は、飲食・物販スペースを整備し、2階には「室内遊び場」を設置。雨の日でも子どもたちがのびのびと楽しめる施設となる。

1階が下町都電ミニ資料館となっている「ふれあいハウス」も改装され、子どもたちに人気のあった鉄道模型運転場もリニューアルされる。また、入園口から「水遊び広場」の東側にかけては、都電のレールようなレールウェイ園路を整備。この園路はスワンの池前の〝都電一球さん号〟にもつながり、さらに園外の停留場近くまで連続的に続いている。

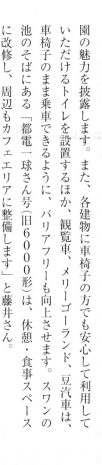

工事中の夜景

工事中のあらかわ遊園

あらかわ遊園の特徴とされていたレトロのイメージは敢えて残し、「日本でいちばん遅いジェットコースター」として知られるファミリーコースターも、そのまま残される。下町の遊園地の再登場に期待したい。

荒川区西尾久6－35－11　荒川遊園地前停留場すぐ

区の有形文化財(建造物)に登録された荒川遊園地近くの煉瓦塀

地元の人には見慣れた風景だが、荒川遊園の東側と南側には古い煉瓦塀が残っている。昔、この一帯には煉瓦工場があり、その跡地に荒川遊園が開設されたのがその理由のようだ。戦後、荒川遊園の周辺は宅地化されてきたが、宅地と道路の境界や、整地のための土留としても利用されたことで、多くの煉瓦塀が解体されることなく残されたという。

1923(大正12)年の関東大震災や、2011(平成23)年の東日本大震災も耐えた煉瓦塀は、荒川区の景観資源と位置づけられ、今では地域の歴史を物語る建造物の一つとして知られている。そして、旧小台橋小学校跡地(西尾久6－20、分布図内矢印の範囲)の煉瓦塀が平成30年度荒川区登録有形文化財に指定された。南端の門柱、北側に向かって塀が約42メートルにわたり連なっている部分がそれだ。

また荒川区では、文化財登録を受けた煉瓦塀の強度や地盤などを調べる

北側からみた煉瓦塀構造調査の様子（平成31年3月6日撮影）

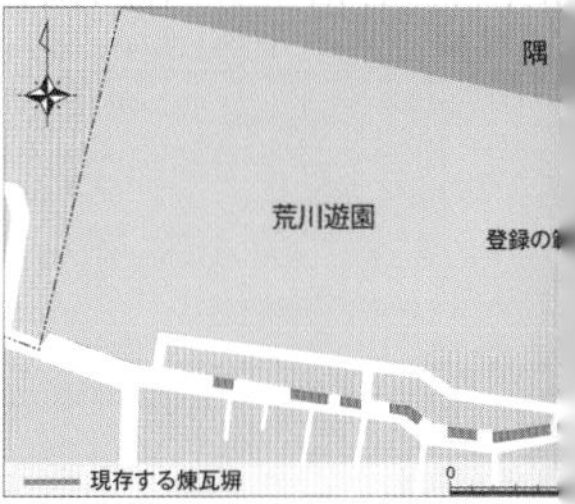

荒川遊園周辺に現存する煉瓦塀の分布図

構造調査を実施。平成31年度には文化財補修工事を行い、この煉瓦塀を間近に見て、その歴史について理解を深めてもらうため、見学スポットと史跡説明板を整備した。今後も荒川区を代表する景観の一つとして、これらの煉瓦塀を大切に守っていく方針だ。

都電ブランド
都電ウィスキー 寺島酒店

寺島酒店外観

川の手ウイスキー都電エクセレンス
720ml 1,890円

荒川区で1957（昭和32）年より64年以上営んでいる老舗酒屋の寺島酒店は、荒川遊園地前停留場のすぐそば。徒歩で2分もかからないところにある。看板商品の都電ウイスキーは、澄みきった空気と清涼な水の信州の高原でじっくりと熟成されたウィスキーの逸品。寺島酒店登録商標の「川手のウイスキー都電エクセレンス」というしゃれた名前が付けられている。それを象徴するラベルは、沿線のトレードマークとなっているバラの花で都電を包むという凝った図柄。荒川区推奨のお土産品に選ばれているのもうなづける。化粧カートン入りで、パッケージの包装とリボン（のし紙）は無料サービス。720㎖ 1890円（税込）。

SA 13

荒川車庫前

明治初期までこの辺は船方村と呼ばれ、1913（大正2）年4月、王子電気軌道の第2期三ノ輪～飛鳥山下間の開通とともに、「船方前」停留場として開設された。その後、1924（大正13）年に船方営業所が設置され、翌年に船方車庫が建設され、王子電気軌道の基地となる。1942（昭和17）年、東京市電に統合され、名称が「荒川車庫」と改称されたのに伴い、停留場名も「荒川車庫前」と改められた。現在では「船方」という地名は存在しないが、あらかわ遊園横の船方神社（北区）などに名前が残っている。

荒川車庫
都電荒川線の全33両が所属する「荒川車庫」は、荒川線のいわば心臓部。全車両の調整・点検・整備など、電車の安全運行に必要な各種の車両点検が行われている。提供：東京交通局

都電荒川線の基地 荒川車庫

以前は、王電時代の面影を残す、三角屋根が特徴的な車庫だったが、1981（昭和56）年に、車掌を廃止したワンマンカーの車庫として全面的な改築工事が行われ、工場設備をも備えた近代的な新装荒川線にふさわしい総合基地へと変身した。

都電荒川線唯一の車両基地は、正式には荒川電車営業所。現在、電車営業所、車両検修所、保線担当、電気区に分かれ、都電荒川線の安全運行のためにさまざまな業務が行われている。中でも車両検修所は検車部門と修車部分に分かれ、全車両の調整・点検・整備を行う。運行を終えた車両は、車両

7700形
車体のデザインは、交通局内の若手職員らによる「荒川線アピールプロジェクトチーム」の発案で、クラシックモダンな塗装が採用されている。また、室内シートや足回りを更新し、8900形と同様の台車とVVVF制御装置を搭載。平成28年より採用。提供：東京交通局

都電おもいで広場
かつての懐かしい停留場をイメージした構成で、都電全盛期を担った往年の名車である、5500形（5501号車）、旧7500形（7504号車）の2両が展示されている。提供：東京交通局

8500形
都電としては実に28年ぶりとなる新型車両で、荒川線車両の活性化とイメージアップを目的に導入された。VVVFインバータ制御方式を採用、スマートな外観と快適な乗り心地を実現している。平成２年から平成５年にかけて５両が製造された。提供：東京交通局

をとめておく留置線で車輪やパンタグラフ等の主要部品についてチェックを受けた後、トラバーサーという機械で横に平行移動され、出庫線側の留置線で次の運行を待つ。ここには営業車以外にも、過去の車両などが保管されている。現在の総車両数は33両だ。

許可無く車庫内には入れないので、門の外で都電ファンたちがカメラをぶら下げ基地から出庫してくる好きな車両の登場を待っている。ただし、毎年6月の「路面電車の日」と、10月の「荒川線の日」には、一般公開（申込制）しており、詳細は東京都交通局ホームページで知ることができる。

都電おもいで広場

荒川車庫の前にある都電おもいで広場には、懐かしい停留場をイメージしたスペースに、都電全盛期を彩った往年の名車２両が展示されている。まず1両目は、昭和29年製造の５５００形（５５０1号車）。この車両はアメリカの最新技術を導入してつくられたもので、通称「ＰＣＣカー」と呼ばれた。独特の流線型の車体と低騒音・高加速の高性能を持ち、三田車庫に配属され、1系統（品川駅前～上野駅前）で使用され

8900形
7000形の置き換え目的で製造され、基本性能は8800形と同じだが、車体各部のデザインが変化している。このオレンジ色は平成27年の最初に導入された色で、その後、ブルー、ローズピンク、イエローも登場している。いずれも客室や運転台の改良が行われている。提供：東京交通局

8800形
丸みのあるスタイル、親しみやすいデザインで平成21年に登場。写真のローズレッドは、沿線のバラをイメージしたもの。このほかバイオレット・オレンジ・イエローの計4色が揃っている。従来車両の約2割の省エネを実現、環境に配慮した仕様となっている。提供：東京交通局

たものだ。車内は模擬運転台や模擬装置操作台に荒川沿線をイメージしたジオラマレイアウトが設置されている。

２両目は、昭和37年製造の旧７５００形（７５０４号車）。当時の都電としては珍しい２つ目のライトで、最初は青山車庫、その後は路線の廃止・縮小で荒川車庫に配属された。引退する前の数年間は主に朝のラッシュ時の通学輸送で活躍し、「学園号」の愛称が付いた。車内には天井に設置された扇風機や木製の床、当時の路線図など懐かしい雰囲気が漂っている。運転設備に触れることができるので、開場日には子どもたちの人気を集めている。入場は無料で、開場日時は土日と祝日の10時〜16時（振替休日含む、年末年始は除く）＊交通局のホームページで要確認

荒川線の現役車両

都電車両の変遷は激しい。まず、明治44年に王子電車が開業した頃の車両は木造単車（単車＝台車が固定式）で、新造の1形はオープンデッキ式。屋根に電気を取り入れるポールが1本付いており、これは回転式で、終点に着くと車掌がクルリと反対向きに回さなければならなかった。

大正13年に初めてオープンデッキ式ではないドアの付いたボギー車（可動式台車がカーブに合わせて角度を変える）として３００形が登場。それまで外に出ていた運転士や車掌も車内で運転や業務ができるようになった。

荒川車庫前にスタンバイしているのは、都営交通創業100周年を記念して運行される花電車。バースデーケーキをイメージした装飾とか。
撮影：左右田大美

9000形
都電荒川線と沿線地域の活性化のために平成19年に導入した車両で、昭和初期の東京市電をイメージしたレトロなデザインが特徴。内装も木目調が採用され、床はフローリング。屋根は、二段式のダブルルーフで、段差部分に採光用小窓が描かれているが、デザインのみでその機能は無い。丸形の窓や真鍮製の手すり、緑色の座席などの採用で、懐かしい雰囲気を演出している。
提供：東京交通局

10月の荒川線の日、100周年記念の花電車登場を待つ人々が車庫の外や都電おもいで広場に集まっていた。 撮影：左右田大美

昭和17年に王子電車が東京市電に統合され、早稲田〜王子〜荒川車庫間は32系統、赤羽〜王子〜荒川車庫〜三ノ輪橋間は27系統に。当時、同じ車両につける番号が王電と市電にもあったので、応急措置として新しい車両番号を書いた紙を貼り付けたところ、移管当日に雪が降り、番号札が剥がれて、元の王子電車の番号が見えてしまったという。

王子電車の車両はチョコレート色にグリーンの帯であったが、その後、市電に合わせてクリームとグリーンのツートンカラーに塗り替えられた。そして車両も次々と改造されていく。市電となった翌年に都電となる。

終戦を迎え、昭和20年代の後半になると、木造の３０００形や４０００形は新しい鋼体の６０００形をモデルに改造されていったが、中には秋田市電・川崎市電・江ノ島電鉄・箱根登山鉄道小田原市内線・鹿児島市電などに売却されていく車両もあった。やがてモータリゼーションの波にあおられ、都電は昭和47年に旧王子電車の三ノ輪橋〜早稲田間を除いて全廃となった。経営の合理化のためチンチン電車はツーマンからワンマンに転換せざるを得なかった。このワンマン化によって都電から車掌がいなくなった。また、終戦直後に造られた６０００形はワンマン電車に改造できないので姿を消した。このワンマン化を記念して花電車が運転された。現在の荒川線の車両は、７７００形、８５００形、８８００形、８９００形、９０００形の5形式33両だ。

西ヶ原一里塚横を走る黄色に赤いラインの19系統　撮影：菊谷靖

王子の北本通りを往復した都電 昭和30年代

飛鳥山タワーの前を行く32系統の都電(昭和40年代)

滝野川一丁目停留場に停車中の電車(昭和31年)

飛鳥山電停前（奥が滝野川一丁目）前の線路は19系統（S45)撮影：菊谷靖

大塚駅前 この頃はまだバスターミナルがなかった8098形 1967(昭和42)年

鬼子母神前から雑司ヶ谷のローラーコースターライン 1967(昭和42)年

大塚駅前～向原間を走る3138形 32系統 1966(昭和41)年

王子付近を走る6080形(現在、飛鳥山公園に保存中) 撮影:長野隆

雑司が谷駅を出発する7081形 1977(昭和52)年

雑司ヶ谷付近 サンシャイン60建設中 7086形 1977(昭和52)年

面影橋～学習院下間を走る一球さん(6152形) 1993(平成5)年

鬼子母神前～学習院下間ですれ違う7025形と7019形 後ろにそびえるのはサンシャイン60 1990(平成2)年

花電車も走った！

懐かしい都電の勇姿に花電車の存在は欠かせない。２０１１（平成２３）年の東京交通局「都営交通１００周年記念」ではケーキのような花電車が主役だった。また忘れられないのが、荒川線がワンマン化される１９７８（昭和５３）年に走った花電車だ。姿を消し去る６０００形をオープンカーのように改造した５両と警備先導車は華やかだったが、人々は一抹のさみしさも味わった。

「都営交通100周年」なので、バースデーケーキをイメージしたデザインで走った花電車。夜はロウソク部分に明かりが灯り、一層華やかになった。（平成23年）　撮影：左右田大美

人気のテレビ番組をアピールする「10チャンネル号」（昭和53年）
撮影：森田繁

「食べたら、磨こう！」とライオン歯磨の「ムスバラス号」（昭和53年）
撮影：矢崎康雄

太田道灌の人形や山吹の花で飾られた「山吹の里号」(昭和53年)　撮影：左右田大美

トヨタの花電車は当時人気のキャラクター「ムーミン号」(昭和53年)　撮影：左右田大美

路面電車の前身、馬車鉄道をイメージした「馬車鉄道号」(昭和53年)
撮影：森田繁

警護車両として花電車の先導役を務める6000形の装飾電車(昭和53年)
撮影：左右田大美

荒川車庫前
マルゼン
カーサービス
C.7
荒川車庫前

荒川線の拠点となった荒川車庫前停留場と、当所が始発の㉜系統早稲田行きの7000形電車

王子駅前から三ノ輪橋に至る区間は、元もと荒川沿いの低湿地で、広大な水田が広がっていた。写真の車庫前も家屋や道路を水田に置き替えてみると、原風景が浮んでくるようだ。明治末期からの工業化の進展、大都市東京の労働力受入れで沿線に町工場と民家が増えはじめ、1923(大正12)年9月の関東大震災後は一挙に都市化が進んだ。田圃の中を専用軌道で走っていた王電は、瞬く間に混沌とした町工場と住宅の間を走る市内電車になってしまった。配電用高圧電線を支えていた鉄骨の架線柱は、その変貌ぶりを電車と共に見つめてきた語り部でもあった。◎荒川車庫前　1970(昭和45)年11月12日　撮影：荻原二郎

SA 14

梶原

電停そばの明治通りを境に荒川区と北区とが分かれる。早稲田方面行きの停留場には、〝元祖エキナカ店〟とも言えるタバコ屋兼古本屋「梶原書店」があり、沿線のスポット的存在だ。停留場からすぐのところに「梶原銀座」と呼ばれる商店街があるが、入口付近に、こちらも地元の人なら知らない人はいない、という「都電もなか」をつくっている老舗和菓子店の「都電もなか本舗・明美」がある。都電をモチーフにしたゲートや都電のイラストをはめ込んだ舗道などもあり、都電とともに繁栄してきた商店街であることがわかる。通りはかつての鎌倉街道で、ところどころに休憩用のベンチがあるのも、往来する地域の人たちへの優しさが感じられる。

また、いま梶原周辺で注目されているのが、地域寄席の「梶原いろは亭」だ。コロナ禍で残念ながら現在は配信中心になっているが、〝笑い〟で地元の人たちにエールを送っているのには変わりない。

早稲田行きと三ノ輪橋行きがすれ違う梶原停留場

荒川線沿いで、夢と想い出の半世紀　まもなく閉店を迎える「梶原書店」

1964(昭和39)年の東京五輪が開かれた時から梶原停留場で営業を続けて来た古書店「梶原書店」。店内には、年季の入った和装本や美術書、小説や雑誌などが雑然と並んでいる。

「この場所は、一番、便利のいいところでしたからね。だけどいまは閑散としちゃって。キリンビールがある頃は、縁日もあったたし、すごく賑やか

沿線で半世紀。都電を見つめ続けた梶原書店の根本健一さん

だった。時代が変わっちゃったからね……」と、半世紀以上、都電沿線の変容を見守って来た店主・根本健一さんは複雑な思いで語る。周辺の道路拡張計画に伴い、いよいよ店を閉じることになったからだ。

昔から詩をつくるのが好きで、1970年代には曲を作詞し、自主盤レコードを発売したという。その一つが、都電の日常を歌った「東京のチンチン電車」。歌詞は「お勤め行く人　急ぐ人　たった一つの荒川線　想い出あります　夢もある」というもの。なんともストレートだ。

付近にキリンビール東京工場があった時が、一番よかったとか。「夜になると梶原銀座商店街には工員があふれ、この店にも立ち寄って本や雑誌を買って都電で帰って行きました」(根本さん)

梶原銀座商店街にはマンホールに都電が描かれている。

現在は調教師をしている一人息子を競馬界に送り込んで、騎手にしたことがご自慢で、「小さな体　折り曲げる　僕ら少年　見習いジョッキー　雨の日　風の日　なんのその」という、息子を励ますレコードもつくった。夢も想い出もすべて都電荒川線とともにある。旧五輪から新五輪までと、一つの時代を見つめてきた根本さん。「まぁ、最後まで頑張るよ！」と明るい笑顔を見せた。

都電ブランド

都電の街の土産品No.1

都電もなか本舗 菓匠・明美の「都電もなか」

昭和40年代の後半に都電の全面撤廃が言われ始めた頃、地元では〝存続運動〟が起こっていた。「で、当時体を壊して入院していた父（創業者）が、ベッドの上で考案したのがこの〝都電もなか〟だったんです」と笑う2代目店主の久保裕子さん。「親しまれた都電の証、孫の代まで誇れるものを残したい」というのがその志だった。退院してからまず型をおこし、地元のイラストレーターがパッケージづくりに協力するなど試行錯誤した結果、遊び心のある「都電もなか」が誕生した。北海道産の高級小豆と求肥餅が入り、口当たりの良さが絶妙の味は企業秘密だったが、先代がテレビに出演した時、ポロッとしゃべってしまい、全国に広まり、問い合わせも来た。だが、しっとりほどよい甘さの美味しい味で、「楽しいパッケージは捨てる人がいない！」という希有な商品は、他の追従を許さない。第20回全国菓子博覧会において厚生大臣賞を受賞。「北区の名品」にも選ばれている。1両160円（税込）、10両入1700円（税込）。

「都電もなか」で有名な菓匠・明美外観

人気商品「都電もなか」の山！店長の久保裕子さんも誇らしげ。

新商品「王子界隈 栄一翁散歩もなか」も登場！

都電もなかだけでなく、北区ゆかりの和菓子づくりでも定評のある菓匠・明美が、満を持して登場させたのが、飛鳥山銘菓シリーズ第3弾、「王子界隈 栄一翁散歩もなか」。焦しもなかは高級小豆餡、白もなかは特製桜餡餡の2種。渋沢カラーの緑でグランド・オールド・マン（偉大なる老人）の絵が描かれている。遊び心のすごろく箱に各3個ずつ入って計6個、1箱1700円（税込）。

菓匠・明美の新商品「王子界隈 栄一散歩もなか」1箱1700円（税込）

北区堀船3-30-12
03-3919-2354
10時〜19時
月休（祝日の場合は営業、翌日休）

梶原に誕生したミニ寄席「梶原いろは亭」。現在は配信番組のみ。

地域が後押し、NPO法人が運営する ミニ寄席「いろは亭」

都内には大きな常設の寄席がいくつかあるが、最近は客席が数十程度の「ミニ寄席」が次々と誕生している。その多くは、「地域の人たちが気軽に行ける」が主目的。梶原に誕生した「梶原いろは亭」もその一つ。現在はコロナの影響もあって配信のみで対応しているが、アットホームな雰囲気の中で楽しめるミニ寄席はこれからの落語の楽しみ方だと言える。

都電荒川線の梶原停留場から徒歩5分、JR高崎線・宇都宮線沿いのマンション1階にある「梶原いろは亭」は、2019(令和元)年1月にオープンした。45席ほどの小規模だが、ネットによる配信にも力を入れており、発信力は絶大だ。

この梶原いろは亭を運営するのは、NPO法人「いろは苦楽部」。当初は地域の高齢者のためのパソコン教室などの活動をしていた。理事長が落語好きで、「古典落語で地域を盛り上げられないか」と閃き、ミニ寄席を立ち上げたという。運営協力メンバーは約20人、金銭面などでも応援する「いろは亭友の会」には、地元の商店や北区の匠らも加わり、法人も合わせて約100人が名を連ねる。

コロナ禍で自粛する前の定席番組は、毎週月~水曜の昼席(午前11時半

全部で45席（内、6席立ち席）。落ち着いた雰囲気の梶原いろは亭内。

開演）は若手中心。毎週土曜・日曜の午後1時半開演「上中里寄席」は真打・二つ目・前座・色物と寄席形式。木戸銭は1200〜2800円（お弁当付き木戸銭含む）。最終金曜夜の「講談夜会」も登場。

出演する芸人たちも口コミで広がり、落語や講談・浪曲、色物など出演者は多数。運営メンバーたちは「地域の人と協力しながら続けていくことに意味がある」と口をそろえる。

コロナ禍では毎週水曜日（12時〜）、毎日曜日（14時〜）に無料アーカイブなしの配信番組で維持運営を続いている。

梶原いろは亭に出ている落語家たちが語る「都電」の魅力

電車と身近に暮らしてるというのは、幸せな気持ちになりますね。

五代目三遊亭圓馬師匠

都電って、ライトが2つと、ひとつのがあるんです。子どもの頃、2つあるのじゃなきゃ乗らない！とだだこねて、親を困らせました（笑）。2つのほうが新しかったからかな。台数がなかったのか、なかなか来なくて、それが来るまで待つ！とボクが言うものだから、親たちは、「もう電車来たのに、早くこれに乗りたいのに」とイライラしてました（笑）。あれは荒川線じゃなかった。西麻布に住んでいたので、六本木のほうから広尾に行くやつだったかもしれないです。

荒川線を利用したのは、大人になってからかな。早稲田に住んでる師匠のところ、自分の師匠じゃなかったけど、そこへ行く時とかに乗りまして。あと、噺家のお弔いに行く時、町屋まで乗りました。考えてみると、あまり荒川線にはご縁はなかったです。でもこの間、酉の市へ行って、帰りは三ノ輪から乗って帰って来ましたよ。なんかほっこりした気持ちになって、よかったです。都電がのんびり走っていて、そこに街があって、豊かな人生を送っているというか。

都電は貸し切ったりできると聞いて、じゃあそこで落語でもやろうかなと思ったことがありました。結局、やらなかったんですけど、そのうち、大御所の師匠が始めるようになった。都電で漫才でやった人もいて、一度観に行ったことがあるんです。つり革につかまりながら二人でしゃべってるんだけど、なんか世間話してるみたいだった(笑)。いろいろアイデアを考えましてね。各停車場から芸人が乗って来てしゃべればおもしろいんじゃないかな、とか。片道50分ぐらいだから、落語だと、まぁ1人で2席ぐらいはできるか。2人でやってもいいし、小話を10人ぐらいやったらどうか、とか。

ボクが一回経験したのは、千葉の小湊鐵道の車内でやったんですよ。大変だった。結構、揺れました。自分の後援会が車両の前に「お座敷落語列車」とかマークをつけてくれて。珍しいから撮り鉄の人たちがそれを撮りに押しかけ、周りでみんな三脚立てて、これも大変だった(笑)。

都電でもそういうイベントをどんどんやったらいいのに。ボクはともかくとして、若い人が喜ぶんじゃないですか。都電の利用法もいろいろ可能性があって、夢が広がります。

三遊亭圓馬師匠

三遊亭圓馬・プロフィール

(公益社団法人)落語芸術協会所属・理事。
本名：中山聡。出身：東京都港区西麻布。
芸歴：昭和63年8月、三代目橘ノ圓に入門(前座名・壱圓)。平成5年2月、「好圓」で二つ目昇進。
平成9年2月、北とぴあ若手落語家競演会・奨励賞受賞。
平成14年4月、真打昇進と同時に「五代目三遊亭圓馬」襲名。
出囃子：圓馬囃子。趣味特技：俳句・映像制作・日本酒研究。

どんな形の車両が来るかで幸運を占うみたいな、そういう楽しみも。

三遊亭藍馬師匠　私は、梶原に引っ越したことで、一時期、都電で三ノ輪まで小学校に通っていたんですよ。子どもなのに結構、痴漢に遭ったりして。大人になった今は遭わないのに。なぜかな（笑）。あの頃は可愛かったんだろなぁと思って（笑）。また、母が都電に乗って帰ってくるんですけど、それを毎日停留場まで迎えに出たのも懐かしい想い出です。まるで忠犬ハチ公でした（笑）。

車内で流れるアナウンスは全部覚えていました。小さい時は賢かった！ いまはもう忘れちゃったんですけどね。

都電に乗るとき、レトロな車両に乗れると、ラッキー！な気持ちになります。私の時は7000形が多かった。肌色に緑が入ってたような車両だったかな。もっと近代的なのも走ってたと思うんですけど、主に7000形だった、と思う。なので違うのに乗ると、ラッキー！みたいな感じで。どんな形の車両が来るかで幸運を占うみたいな、そういう楽しみもありましたね。

落語家になって、一度、都電の中で演じたことがあるのですが結構大変でした。飛鳥山など曲がり角がすごいじゃないですか、だからもうむちゃくちゃですよ、お客さんは横向いてるし、都電は斜めになるし、声は届きにくいし。演目は「やかん」だったんですけどね。

飛鳥山では、車の免許を取るときにも大変な思いをしました。都電と一緒に飛鳥山の坂を上がらなきゃいけなくて、運転が得意じゃないので、まさか都電でこんな目に遭うとは思わなかった～とうらめしく思ったり。だから、都電が

三遊亭藍馬師匠

三遊亭藍馬・プロフィール
昭和55年8月25日生まれ。
平成17年3月三代目橘ノ圓に入門。前座名・美香、初高座・浅草演芸ホールにて「子ほめ」、平成21年4月二つ目昇進（美香改メ 橘ノ双葉）。平成26年5月橘ノ圓没後 、五代目三遊亭圓馬門下へ。2019（令和元）年5月真打昇進（橘ノ双葉改メ三遊亭藍馬）。社団法人落語芸術協会所属。日本テレビ・情報ライブミヤネ屋、BS笑点・女流大喜利、CBCラジオなどに出演。

車と一緒に走るというのは、すごいなぁと思って。荒川線は軌道敷内を走ってるところが多いからいいですけど、車と一緒に走るのでは、邪魔だと思われるでしょうね。渋滞になっちゃうし。

私は自分が子どもの時に梶原にいたので、ここに寄席ができのが単純にうれしいですね。車内アナウンスで、梶原いろは亭のことを言われるだけでうれしくなってくるんです(笑)。

沿線はせかせかしてない。時間がゆったりと流れている…というか。

桂やまと師匠

あたしの家は先祖代々、荒川遊園地前からちょっと南側に行ったところでね、ずっとそこで生まれ育ちました。人の雰囲気も町並みもさほど変わりがない地域ですね。あたしは46歳になりますけど、安定した街だと思います。確かに、商店街の活気とかはなくなってるんですけど、それは別にしても、昔も今も変わらない。なんか、せかせかしてない。時間がゆったりと流れている…というか。下町気質なのかなぁ。みんな無理をしないし。挨拶するのも当たり前だし。そういう方々が今もこの土地に大勢残っている感じですね。マンションが建って、新しい方々が来られて、それもありがたいことだと思っているんですけど。よそから来られた人たちも、こういう都電が走る、のんびりした土地柄に安心していると思うんですよ。それがあたしたちが住んでる地域の良さだと思いますね。

梶原いろは亭のある北区で言うと、もともと飛鳥山が栄えたのは、徳川吉宗公が飛鳥山に桜を植えたことからですよね。それまでは、上野のお山が桜の名所だったけど、庶民がお花見に行ける場所ではなかったですからね。で、「庶民も桜を見たかろう」というので、吉宗公が向島と飛鳥山に桜を植えてくれたわけです。あとは隅田川の花火大会、あれももともとは吉宗公の時に始めたもので、大変な功労者だと思う。沿線に飛鳥山があるというのは、江戸の歴史を継いでくれているわけで、北区民にとっては誇れることだと思うんですよね。都電荒川線の中で停留場の数は少なくても、北区の魅力はダントツ!ではないですか。落語でも、飛鳥山が舞台になる「花見の仇討」というのがありますし。あとは「王子の狐」かな。そういうのが土地の伝承としてはっきり残っているのがいい。

コロナで中止になったりしましたが、いまだに大晦日にお面かぶってお詣りに行く"狐の行列"も伝統として続いているし、不思議な感じです。そういう場所があの一角に集中していて面白ですよね。

都電も車両などはいろいろ変わっていくけど、「チンチン」という音だけは変わらない。「チンチン電車」という名称をいつまでも使えるようにしておいて欲しい。「俺は、都電だぞ!」という気概を持って、あれを鳴らして欲しいな〜って、感じます。

桂やまと師匠

桂やまと・プロフィール
東京都荒川区西尾久生まれ。1999年、中央大学を卒業、桂才賀に入門。2014年真打昇進と同時に桂やまと(三代目)を襲名。江戸っ子らしい闊達な口調が持ち味で、全国での落語会の他、テレビ・ラジオ、舞台でも活躍中。地元でPTA会長を務める良きパパでもある。

都電荒川線をテーマに新作落語を創ることになりました!

三遊亭栄豊満さん

ボクは愛知出身で、大学を出て噺家になるために東京に出て来て、最初はうちの師匠が住む北千住にアパートを借りました。でも二つ目になった2年前から都電荒川線沿線の荒川区役所前の近くに住み出したんです。で、最近、都電荒川線をテーマに新作落語を創ることになって、いろいろ調べたり、話を聞いたりしたして、面白い話をみつけました。

それは、日本で最後に造られた王電の木造車が東京から神奈川の小田原、九州の長崎と転々とし、最後に小田原に戻ったんですけど、まるで戦で負けた武将みたい!外様大名みたい!すごい面白いなと思って、それをネタにまくらの一つとしてストリーを書きました。

100年ぐらい走った電車だから、廃車にするにはもったいないと、小田原で保存されるのですが、その場所が、二宮金次郎が祀られている「報徳神社」なんです。それ聞いて、なるほど、二宮ホウトクだろうからホットクわけには行かなかった？なんて、オチをつけたりね（笑）。

また、ボクはもともと妖怪の話が好きで、都電の創作落語も、電車にはあまり詳しくないし、どうしょうかな～と思った時に、全国各地でそういう伝説がある「幽霊列車」とか「偽汽車」という話を思い出したんです。これは何かというと、夜中に電車を走らせていると、同じ線路の逆から向かって来る電車がある。危ない！と運転手がブレーキを掛けると、その突っ込んで来た電車がプッと消えちゃう。それが毎晩続くから、運転手もイライラして、どうせ幻なんだから～と、そのまんまアクセルふかすと、ギャーという叫び声と共に偽物の汽車が消えちゃった。で、後で調べてみたら、その辺に狸とか狢の死骸が転がってて、狸が化けてた汽車だったと。常磐線でイタズラしていた狢のお墓が、亀有のお寺さんで供養されて残っていたり、あとは、神奈川の足柄の線森稲荷というのがあり、これは狐がそういうイタズラをしていて、轢かれて亡くなっちゃったということなんです。稲荷のほうは、いろんな動物に化けてたとか、一つ目の大入道に化けたいたというのもあります。

そういう動物たちは、鉄道開発で住処を追われ、それで仕返しに来た、みたいなことらしいです。で、敢えて守り神として祀ってる～みたいな話もある。そういうのに絡めて、ボクは新作で、この幽霊列車が都電荒川線を走っているという話を創りました。なぜ、荒川線に幽霊列車が現れたのか、ぜひ高座で聴いて確かめてください！

三遊亭栄豊満さん

三遊亭栄豊満・プロフィール

平成３年3月5日生まれ。愛知県半田市出身。平成27年2月、三遊亭栄楽に入門。平成30年11月、ニッ目昇進。五代目円楽一門会の落語家。神社の神主と博物館学芸員資格を有している。夕刊フジ・競輪コラム「与太郎よそう」連載中。競馬エイト電子版キャンペーンキャラクター。東京都内の浅草・神田・両国等の寄席や全国各地の落語会、イベントにて精力的に活動中。

SA 15

栄町

栄町は、北区南部の地域で、町域の北おおび東に堀船、南が上中里、西は西ケ原と接している。そのルーツは、1889(明治22)年の市制町村制で生まれた滝野川村(1913年の町制施行で滝野川町へ)大字西ヶ原の一部であった。1932年(昭和7)年、東京市周辺の町村が東京市に併合され、滝野川区にになった。その後、1947(昭和22)年に王子区と合併して北区となり、町名整理により西ヶ原町の一部が栄町となった。滝野川の地名は、この辺りの石神井川が渓谷状となり、水流も急だったのが由来。鉄道は都電とJRの路線が走っている。都電は王子電気軌道時代の三ノ輪線開通当初からのターミナルで、当初は、「飛鳥山下」と呼ばれていた。

アール・デコ様式で1936年に建てられた東書文庫外観

教科書など7万6420点が国の重要文化財 建物も北区有形文化財指定の「東書文庫」

栄町停留場から徒歩3分で行かれる東書文庫は、東京書籍の創立25周年を記念して開館した日本初の教科書図書館だ。

外観は、1936(昭和11)年竣工の明るい黄土色のスクラッチタイルを使ったアール・デコ様式で、丸窓や突き出た半円形の窓、玄関の庇を支える二本の円柱などにその特徴が見られる。

館内には、鎌倉時代から現代に至るまでの教科書、原画、掛図、版木など約16万5000点が所蔵されており、そのうちの7万6420点が、

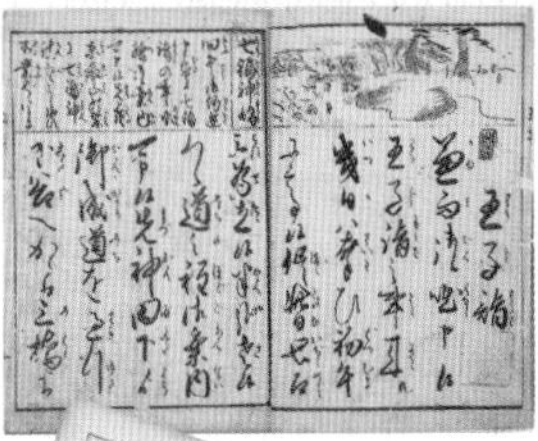

1821（文政４）年の寺子屋で使われていた「王子詣」。王子の地を題材にした地理往来。

鎌倉時代から現代に至るまでの教科書、原画、掛図、版木などが並ぶ展示室

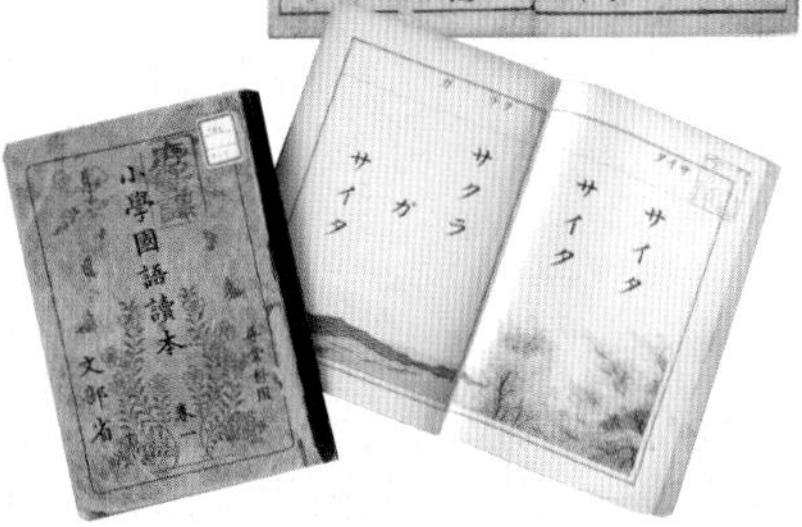

国定Ⅳ期（昭和８～15年）に使われていた小学校国語読本

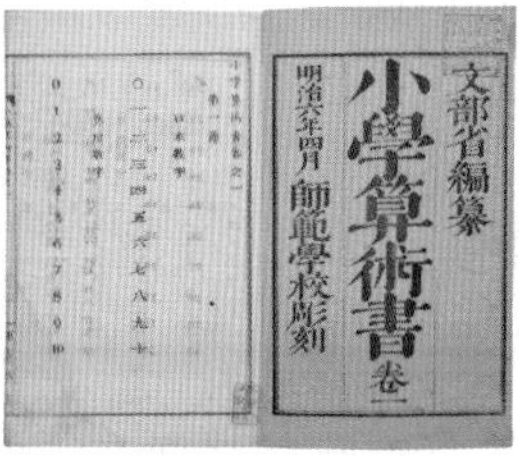

1873（明治６）年の小学校算術。洋算としても新しい指導法が取り入れられた算術書（重文指定）

1900（明治33）年の小学校理科（重文指定）

２００９（平成21）年に国の重要文化財に指定されているというのだからから驚く。１９９９（平成11）年に北区の有形文化財（建造物）の指定を受け、２００７（平成19）年には、経済産業省の近代化産業遺産（近代製紙業）の認定を受けている。

重要文化財の対象となったのは、明治初頭から戦後の文部省著作教科書までとその関連資料。特に教科書は文部省から東京書籍に移管されたものが多く、これらはまとまって所蔵されているという。

興味深いのは、江戸時代の藩校や寺子屋で使用された書物、戦後の検定教科書など。近代日本における教科書の歴史すべてが集積されていると言える。閲覧・見学は完全予約制。

「栄町停留場」徒歩3分　北区栄町48－23　03－3927－3680
10時～16時　土・日・祝休・年末年始休 無料

2004年11月に稼働した製品開発研究所

2019年３月に竣工したコーセーの「先端技術研究所」

コーセー創業の地に研究開発拠点を集約
栄町に新たな「先端技術研究所」が稼働

日本の大手化粧品メーカーとして国内外に知られる「コーセー」は、1946（昭和21）年、創業者の小林孝三郎氏が東京都王子区（現在の北区）に小林合名会社を設立したことからスタートを切った。2年後の1948（昭和23）年には、小林コーセーが設立され、小林氏は代表取締役に就任。研究熱心な企業という信用を礎に着実に業績を伸ばす。アジアを中心にに海外進出に力を入れ、高級ブランドも育成。業界初の美容液やパウダーファンデーション、水乾両用のファンデーションなど新しい製品開発もめざましい。1991年には株式会社コーセーに社名変更し、企業ロゴも刷新した。

「コーセー」という名前の由来はギリシャ語で、宇宙や美を表す「Ｋｏｓｍｅｔｉｃｏｓ（コスメティコス）からきている造語だが、もう一つ意味があって、小林孝三郎氏の「孝」＝ＫＯと、起業理念である「誠実」＝ＳＥを組み合わせた意味もあるそうだ。いずれにせよ、日本初「小売店直接販売方式」など既成概念にとらわれない方針で順調に会社を拡大していった軌跡は、孝三郎氏の孫にあたる現在の四代目小林一俊社長へとつながっている。

先端技術研究所には、３階天窓から地下まで自然光が降り注ぐサンクスガーデンが設けられている。

２０１６(平成28)年、創業70周年を迎えたのを機に、研究所の再編成に着手。２０１９(令和元)年にはコーセー創業の地に新たな「先端技術研究所」を稼働させた。これで同社の研究体制は同一拠点に集約され、今後も安全性を最優先した高品質な商品を提供。新時代の化粧文化の提案と革新を創出していくという。ますますコーセーの開発力に目が離せない。

先端技術研究所２Ｆ実験エリア

先端技術研究所３Ｆ執務室

SA 16

王子駅前

荒川線全線のほぼ真ん中に位置している王子駅前停留場は、1925（大正14）年2月7日に開設された。1972（昭和47）年に全線が併用軌道であったがために廃止されてしまった都電赤羽線の分岐点でもあった。また、以前は三ノ輪寄りの線路の一部が3線（本線の間に折り返しの待機線があった）となっており、飛鳥山から合流してきた19系統の通三丁目行きの電車が折り返しに使用していた。

現在は通常の2線となっており、停留場の地はJR王子駅と上石神井川に挟まれ、大塚方面のプラットホームの一部は東北・上越新幹線の高架下になって、その様子は大きく変わっている。

東北・上越新幹線の高架下に位置する王子駅前停留場

北区のシンボルタワーから街を一望
王子駅前のスポット「北とぴあ展望ロビー」

北とぴあは、北区の産業と文化の拠点。館内に会議室、多目的ホール、研修室、音楽スタジオ、トレーニングルーム、消費生活センター、北区観光協会など、多彩な施設を持つ。最上階の17階に展望ロビーがあり、南に飛鳥山公園、北東に筑波山、北西に秩父連山やさいたま新都心など、3方向の景色が望める。同じフロアには、西の富士山側の景色を楽しめるレストランもある。

「王子駅前停留場」徒歩5分　北区王子1－11－1北とぴあ17階

サンクスエアの入口前に設置されている「北区の自販機」

北区の産業と文化の拠点「北とぴあ」

9時〜22時　不定休　無料
03-5390-1100（北とぴあ総合案内）

北区の名品が手軽に買える北区の自販機

最近は各地で変わり種の自販機がいろいろ登場しているが、王子駅前の総合レジャー施設・サンスクエアの入口には、「北区の自販機」というユニークが自販機が据えられている。

サンスクエアは、ボウリング場やテニスコート、バッティングセンターなどのスポーツ施設のほか、飲食店やスーパーマーケット（東武ストア王子店）が入居する複合レジャー施設。運営しているのは、北区で40年ほど前から本社を構える「日本製紙総合開発株式会社」。この会社は、製紙工場跡地を地元のためにさまざまなサービスを提供している。敷地内には「洋紙発祥之地」碑もある。記念碑が立つ一帯は、１８７２（明治5）年に日本で初めて西洋紙をつくった抄紙会社（王子製紙）のあったところである。

自販機には、北区のソースメーカーの「トキハソース」、関東大震災後に本社を北区に移転させた「亀の子たわし」、吾当家菓子店の瓦せんべい、聖学院高校の生徒が手づくりしたハチミツなどが並ぶ。また、乾麺メーカーが開発した渋沢が好んで食べたとされるオートミールを使ったパスタやう

新感覚のコーヒー専門店・王子珈琲焙煎所「サクラピアス」

サンクスエアの敷地内には「洋紙発祥之地」碑が建つ。

どん、地元メーカーが作った渋沢栄一カードゲームなど、渋沢ゆかりの商品も入っている。

「自販機なら、北区内の会社の商品をPRして、知名度アップと販売のお手伝いが出来ると考えました。お客様にが便利に気軽に利用してもらい、喜んでもらえた結果、それが口コミで広まるといいのですが」と日本製紙総合開発の笛木修部長代理。

渋沢栄一は晩年、北区に暮らしながら、企業経営だけでなく、地元の人たちへ支経済支援などにも尽力してきた。その渋沢精神を受け継ぎ、現在、コロナ禍で苦しむ人たちのために何かできないか、と考えられた結果、この自販機が生まれたそうだ。

“昭和の柳小路”からイメージチェンジ！ 王子珈琲焙煎所「サクラピアス」開店

戦後の闇市がルーツで、ブロックごとに昭和の面影を残していたレトロな横丁「柳小路商店街」。まだまだ頑張っている現役の店もあるが、撤退した店やすでに解体された建物も目立つ。そんな中、最近、これまでの柳小路では考えられないおしゃれなテナントが登場、地元の人たちの熱い視線を集めている。

店の名前は「王子珈琲焙煎所・サクラピアス」。コーヒーの香りとサク

オーツミルクラテ＆オートミールクッキー　セットで1,000円（サクラピアスのメニュー）

一年中サクラが楽しめる「サクラピアス」の内装が話題に

ラで憩いの場を目指すコーヒー専門店で、2021（令和3）年3月31日に開店したばかり。店名にもある「サクラ」の意味は、店に一歩入ると一目瞭然。壁を貫くサクラの木をシンボルにした個性的なインテリアが圧巻だ。明るく木のぬくもりを感じさせる店内には、渋沢栄一翁の帽子やステッキのイラストもあり、大人の遊び心が感じられる。そういえばサクラも、渋沢翁が晩年に私邸を構えた飛鳥山のシンボルだ。

向かいのクラフトビール300種を提供する姉妹店「春風千里」のオーナーでもある梶谷篤史さんは、「店の象徴であるサクラのオブジェは飛鳥山公園にある実際の桜の木がモチーフです。コーヒー豆はもちろん、焙煎や淹れ方にこだわった香り高いコーヒーを飲みながら、一年中、桜が咲く季節のような心地良い空間を提供したい」と話す。仕事や日々の暮らしのストレスを発散できる上質の空間づくりがうれしい。メニューは、ブレンド500円、シングルオリジン550円、オーツミルクラテ750円、オートミルククッキー350円、オーツミルクラテとクッキーのセット1000円。

北区王子1-5-4 1F　「王子駅前停留場」徒歩3分
03-6903-3505　11時～18時（LO17時30分）不定休

赤をアクセントカラーにした瀟洒な外観は、現在の「明治堂」

1889(明治22)年創業の明治堂。当時、パン屋さんは珍しかったという。

明治22年創業の伝統がさらに進化…こだわりの老舗パン屋「明治堂」

パリのエッフェル塔が建った時と同じ年（1889年）に創業した、地元では有名な老舗パン屋さん。「明治堂」の名前は文字通り明治時代の創業だからだ。現在、4代目のご主人中山和弘さんから、長男の公人さん（5代目）に引き継ぐ端境期を迎えているという。

中山さんは、〝ゆとりと感動の人生に貢献する〟をポリシーに、手作りするパンのひとつひとつに心を込め、「美味しいものしか作らない覚悟で仕事をしている」と話す。また、「息子は今、材料を提供してくれる王子の老舗2軒とコラボして、新しい食パンの店を出す準備に追われています」と、その精神が次世代につなげられたことがうれしそうだ。

1993（平成5）年にそれまでの木造2階建てから6階建てのビルに建て替えた。1階がパンの販売スペース、2階はイートインができるカフェスペース、3・4階は貸店舗5・6階が中山家の住居になっている。

老舗パン屋ならではの伝統の味を守りながら、常に進化を続けており、毎日150種類以上のパンを朝6時半から順次店頭に並べていく。

代表的なラインナップは、明治堂130年の伝統が培われたあんパン、本場フランス人も認めるフランスパン、フランス産発酵バターを

王子神社の樹齢600年という大イチョウ

明治堂で根強い人気の「フルーツディニッシュ」。食べるのが惜しくなる…

天然酵母、北海道十勝産小麦100％使用の食パンは明治堂の看板商品の一つ。

100％使用したクロワッサン、素朴でヘルシーなドイツライ麦パン、学生時代が懐かしいコロッケパンやサンドイッチなどなど。近年は、天然酵母、北海道十勝産小麦100％使用の食パンや北海道直送牛乳100％使用の高級食パンも人気商品だ。特にこだわりの「蜂の巣クロワッサン」は、2019年、世田谷パン祭りで、TVチャンピオンパン職人選手権で準優勝に輝いた自信作。どれにしようか？と悩むほどの「パンを選ぶ楽しみ」も明治堂の魅力なのだ。

北区王子1－14－8「王子駅前停留場」徒歩5分
6時30分～19時　日休　03－3919－1917

天然記念物の大イチョウが立つ
王子神社

1322（元亨2）年、領主豊島氏が紀州熊野三社より王子大神を勧請し、古名の岸村は王子村に改められた。熊野にならって景観を整え、神社下を流れる石神井川もこの付近では特に音無川と呼ばれるようになったという。歴代領主や将軍の崇敬を集め、明治時代には准勅祭社となった。特に紀州徳川家出身の八代将軍吉宗は、この地に紀州ゆかりの神社があることを喜び、1737（元文2）年に飛鳥山を神社に寄進した。もとは王子権現社と言われていたが、神仏分離により社名は「王子神社」に改められた。

２月の初午と二の午に開かれる「凧市」

もとは王子権現社と言われた、由緒ある「王子神社」

江戸名所図会には、いまよりかなり広い境内に本殿、摂社、末社が並ぶ様子が描かれている。

かつての本殿は徳川幕府が酒井雅楽頭を奉行とし、江戸城天守閣を建てた木原杢《もく》之《の》丞《じょう》らを棟梁として、１６３４（寛永11）年に建立させた。しかし太平洋戦争の空襲で焼失し、現在の権現造りの社殿は昭和38年の再建である。

境内にある鬘《まげ》を考案した歌人・蝉丸を祀った関神社は、理容業界からの信仰も篤い。王子神社は、非常に高い格式を持つ神社で、関神社のほか、北区指定無形民俗文化財民俗芸能「王子田楽」を奉納する8月の祭礼や12月の熊手市、樹齢６００年という都指定天然記念物で戦災樹木の大イチョウなど、見どころが多い。

北区王子本町1-1-12
03-3907-7808 「王子駅前停留場」から徒歩5分

「凧市」が開かれる王子稲荷神社

王子稲荷は王子神社の摂社であった。古くは岸稲荷と呼ばれてきたが、地名が変わったことで、王子稲荷神社と改称したと言われる。

江戸時代には徳川将軍の祈願所と定められ、代々の将軍の崇敬を集め

名所江戸百景に描かれた「王子稲荷乃社」
提供：北区飛鳥山博物館

徳川将軍の祈願所として代々の将軍の崇敬を集めた「王子稲荷神社」

てきた。現在も残っている拝殿と幣殿は１８２２（文政５）年に徳川11代将軍家斉が寄進したものだ。本殿は八棟造り極彩色の華麗な社殿だったが、１９４５（昭和20）年の空襲で焼失。１９６０（昭和35）年に再建された。１９８７（昭和62）年には１６５年ぶりに社殿が総塗り替えされ、神楽殿が新しく建てられた。

拝殿の天井は鳳凰の格子絵が描かれている。有名なのが、拝殿の裏にある御石様。願い事を唱えながら石を持ち上げ、軽く感じれば願い事は叶いやすく、重く感じれば叶えられないという。近年はパワースポットとしても知られる。実際に狐が棲んでいたという岩穴「お穴様」も人気を呼んでいる。

御利益は、商売繁盛。火防の神としても知られ、2月の初午と二の午には「火防守護の凧」を売る「凧市」が開かれる。凧は大火を招く風を切って上がることから、江戸時代、多くの人が「火事よけ」として奴凧を買ったのが始まりだと言い伝えられている。

北区岸町1－12－26　「王子駅前停留場」徒歩10分
境内自由　03－3907－3032

狐に扮して歩く、ユーモラスな初詣

毎年12月31日の深夜に王子の町で行われる「大晦日の狐の行列」 提供：石鍋商店

王子稲荷神社では、毎年、大晦日の夜に「王子狐の行列」という変わった祭りが行われる。装束榎があった装束稲荷神社にかがり火が灯り、王子狐囃子連の囃子が始まると、袴や着物を着て、狐の面をつけた人々が集まってくる。

除夜の鐘を合図に行列は出発。狐火のちょうちんを提げて王子稲荷を目指して歩く。王子稲荷参道入り口で、道案内が変わる交換の儀を行った後、王子稲荷神楽殿に参拝し、王子狐囃子が奉納され、新年を祝う。狐に扮する人は老若男女約300人ほど。一般参加も認められ、他県からやインバウンド客の参加者もいるという。着物を着て狐化粧をし、狐の面をかぶるのが参加の条件だ。

歌川広重が描いた「名所江戸百景／王子装束ゑの木大晦日の狐火」 提供：飛鳥山博物館

狐たちが装束を整えたと伝わる装束稲荷神社

王子駅北口の北本通り（国道122号）を200メートルほど行った交

小さな樹木と幟に囲まれたこじんまりとした祠の「装束稲荷神社」

差点の裏通りに「装束稲荷神社」がある。王子稲荷からはＪＲの線路を挟んで３００メートルほどの距離だ。小さな樹木と幟に囲まれたこぢんまりとした祠である。

王子稲荷は関東の稲荷社の元締めで、大晦日の晩には関八州《かんはっしゅう》の狐が集まって来る（より広く東国からとの説もある）。目印は、装束稲荷の近くの榎の大木だった。遠方からもやって来る狐たちは、ここで旅の汚れを落とし、衣冠束帯に装束を整えてから王子稲荷に繰り出して行った、と伝わる。

群がる狐たちは江戸名所図会や、安藤広重の浮世絵にも描かれている。明治の初めまで一帯は一面が田圃の農村地帯で、人々は群れる狐火の数によって翌年の農作物の豊凶を占っていたそうだ。

明治の中頃に榎の大木も枯れ、集合場所の目印が無くなったために狐も来なくなってしまったとか。もとはもっと西にあった祠も現在の場所に移されたという。

そばの案内板に「昭和20年4月の大空襲の際、東南から燃え広がってきた火が祠のところで喰い止められ、西北方面の住民が難を免れた。この霊験あらたかな社があまりにも粗末だったので、有志が発起人になって新たに建立したのが現在の社殿である」といった由来が記されている。

北区王子2－30「王子駅前停留場」徒歩5分

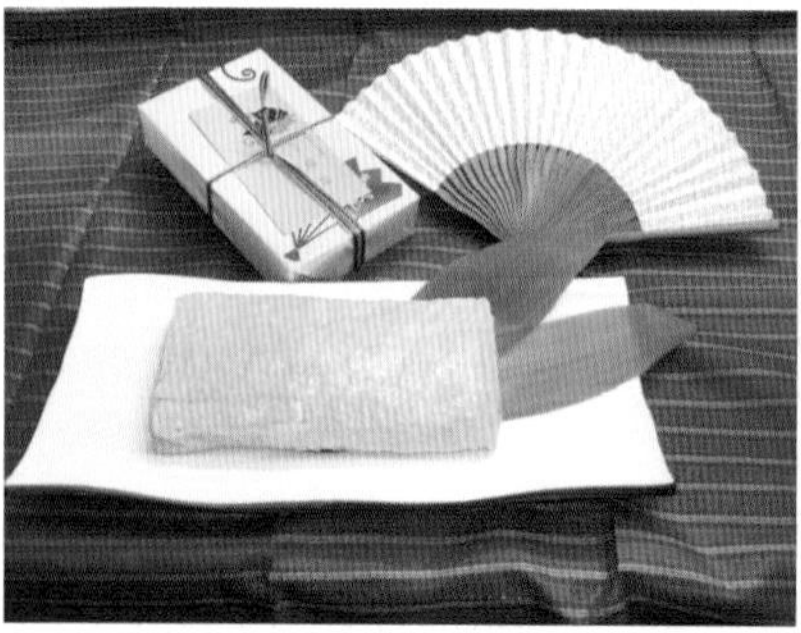

伝統の技と秘伝のダシでつくる厚焼き玉子は「扇屋」ならではの味！

1648（慶安元年）創業の玉子焼きの老舗「扇屋」売店

落語「王子の狐」の舞台でもある玉子焼きの老舗「扇屋」

王子神社の北、音無親水公園が下流で終わるところに、1648（慶安元）年創業という釜焼き玉子が名物の扇屋がある。もともとは料理屋だったが、当時の木造建ての建物は5階建てのビルに変わった。落語の「王子の狐」には、この扇屋が登場する。

ある男が王子に遊びに行き、たまたま田圃で狐が娘に化けているのを目撃し、ちょっとからかってやろうと、娘に化けた狐を近くの扇屋に誘う。2階座敷で酒を酌み交わし、酔って寝てしまった狐を見た男は、名物の玉子焼きを土産に包んでもらい、「勘定は2階の女に……」と帰ってしまう。やがて女中に起こされた狐は「お勘定を」と言われてびっくり仰天。はずみで狐の正体がバレ、店のもの総出で棒などを持って追いかけられ、ほうほうの体で逃げ帰った。そこに扇屋の主人が帰って来て、ことの顛末を聞き「大事なお稲荷さんに何ということをしたのだ」とカンカン。一方の男も、まわりの者から「狐は執念深いから祟りがあるぞ」と脅かされた。翌日、反省した男は、手土産を持って謝りに行く。そして狐穴のそばにいた子狐にわけを話し、土産を渡す。子狐が開けてみるとボタモチが入っていた。喜んで食べようとすると、叩かれて怪我をして寝ていた母狐が、「お

誕生日や記念日にピッタリの丸い玉子焼きもある（扇屋）

渋沢栄一のシルエットが迎える石鍋商店の店頭

よし、馬の糞かもしれないよ」というのが、落語「王子の狐」の一席だ。人を騙すつもりの狐が逆に騙される顛末だが、「人も信用できない」というのが一つのオチになっている。

秘伝のダシを混ぜ合わせた「扇屋」の厚焼き玉子は、今や通信販売もOK。創業300年を超える伝統の味が全国で味わえる。

北区岸町1-1-7 新扇屋ビル1F　03-3907-2567
12時～19時（水曜日定休、土曜日不定休）

王子稲荷の参道で130年以上営業！名物・久寿餅の味を守る「石鍋商店」

王子駅前停留場から歩道橋を渡り、JR王子駅北口から徒歩3分、王子稲荷神社の参道に面する石鍋商店は、創業したのが1887（明治20）年と、130年以上の歴史を持つ老舗の久寿餅店だ。

「この辺一帯は江戸時代からの行楽地で、昭和30年代頃までは、参道の両側に店が並んで賑わっていました。うちは昔から茶店への卸屋として、久寿餅を看板に、ところてん、みつまめ、こんにゃくなども製造販売しています」と話すのは4代目店主の石鍋和夫さん。

伝統の久寿餅は、江戸時代から庶民の味として親しまれてきたが、この

伝統の久寿餅。蜜ときな粉で食べるのは、より美味しく食べる先人達の工夫。

狐のお面も売ってます！（石鍋商店）

久寿餅が発酵食品であることは意外に知られていない。

「久寿餅は元々「麩」の副産物です。まず小麦粉から麩の原料である小麦タンパクを分離して取り出します。そして残ったものが久寿餅の原料となると小麦デンプンです。そのデンプン質を1年半から2年間、発酵させて作るのです」（石鍋さん）。

発酵食品なので、他の発酵食品同様、腸を強くし免疫力を高める。ただ、納豆やチーズと同じように発酵臭を気にする人もいる。そこで石鍋商店では古来からの方法でニオイをなくし、みんなが美味しく食べられるように工夫している。麩業者が1年ほど木樽で発酵した澱粉を譲り受けた後、店内の発酵室でさらに1年ほど寝かせ、状態を見ながら澱粉のニオイをとる工程を繰り返し、丹念に蒸し揚げる。添加物は一切使わず、あくまで昔ながらの道具と製法にこだわっている。

蜜ときな粉をかけるのは、少し臭いのある餅を美味しく食べる先人達の工夫であったとか。石鍋さんは「独特の粘弾性のある食感も楽しんでほしい」と強調する。

北区岸町1-5-10
03-3908-3165　9時30分〜18時（日祝〜17時）／日休

公園の中に建つ、"赤レンガ図書館"で知られる「北区立中央図書館」

"赤レンガ図書館"で知られる北区立中央図書館

もともと中央図書館の所在地は北区王子であったが、2008（平成20）年6月、十条台の中央公園内に建つ赤レンガ倉庫を活用して改装・増築した現在の建物に移転した。敷地は、かつて日本陸軍が使用していた東京砲兵工廠銃包製造所跡で、赤レンガ棟は1919（大正8）年に弾丸製造工場として建てられたものだ。戦後はアメリカ軍が接収し、やはり軍事施設として使用。1958（昭和33）年に敷地の一部が日本に返還され、陸上自衛隊の十条駐屯地となる。その後、駐屯地の一部が北区へ移管されたことにより、「赤レンガ図書館」と呼ばれる個性的な図書館に生まれ変わった。

延べ床面積6165平方メートル。建物は鉄筋コンクリート造の3階建てで、赤レンガ倉庫と新築部分が一体化されているのが特徴だ。新築部分は、1階がワンフロアの総合フロア、2階はこども図書館、3階は区民が活動できる協働フロアという構成になっている。

館内は、段差のないフロア、車椅子でも利用しやすい高さの書架や机を配したユニバーサルデザインが基本。中庭、テラス、トップライトなどで光や風を積極的に採り入れているのも心地よい。この斬新な設計を請け負ったのは、（株）佐藤総合計画で、2009年にグッドデザイン賞を受賞

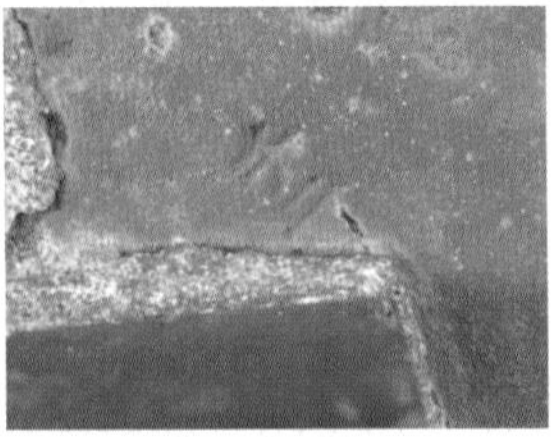

レンガには「チ二」と刻まれており、これは千葉煉瓦工場製を表すもの。当時、千葉煉瓦は北区と足立区に工場があり、図書館に使用されたのは北区の工場で焼かれたものかもしれない。

北区中央図書館に改築される前の十条駐屯地「赤レンガ倉庫」（大正8年建設）

した。

北区の近代産業の歴史や当時の建築技術を知る上で貴重な建物でもあり、建築を学ぶ人や建築物が好きな人たちの見学も多いとか。赤レンガ棟には、カフェ「アトリエ・ド・リーブ」が併設されており、お弁当や飲み物を持ち込めるフリースペースもある。

図書館の愛称である「赤レンガ図書館」とけやきのシンボルツリーは、区民や利用者のアンケートにより選ばれたという。

北区についての調べものに役立つ「北区の部屋」

レンガ棟の1階奥には、〝北区のことなら何でもわかる場所〟を目指した「北区の部屋」というコーナーがある。従来の図書資料に加え、古写真・古地図・古文書などの所蔵品も多く、北区史に精通した地域資料専門員が予定を組んで在中する。

専門員は、「初心者から上級者まで」をコンセプトに、北区のことを、初心者にはわかりやすく、知識のある人にはさらに掘り下げた内容で、図書や展示を通してわかりやすく解説してくれる。毎月「北区の部屋だより」も発行されている。

また、イベントも工夫されており、いま注目されているのが「親子で探険！中央図書館ナイトツアー」という、いわば小学生向けワークショップ。

北区の部屋で地域資料専門員を務める
黒川徳男さん（國學院大學講師）

北区立中央図書館1階にある「北区の部屋」入口付近
提供：北区立中央図書館「北区の部屋」

企画運営は「図書館活動区民の会・地域資料部会」であり「北区の部屋」が協力している。

その内容を簡単に紹介すると、誰もいなくなった夜の図書館を懐中電灯の光を頼りに館内を調査してまわるツアーだ。赤レンガ建物の構造を調べ、レンガの積み方を習い、外壁のレンガの刻印を探し、閉架書庫の大型書架が動く様子を見るなど、昼間の図書館では体験できないミッションが多く用意されている。子どもたちだけでなく、付き添いで参加する保護者たちも童心に帰って楽しめる。

実際に参加した子どもたちからは、「ワクワクした!」「図書館の裏側がわかった」「誰もいない図書館を見られてよかった」などの感想が寄せられるそうだ。

図書館における地域に密着した体験型学習は、子どもたちの夢を大きく育てている。

都電雑学あれこれ

北区立中央図書館の〝北区の部屋〟に地域資料専門員の一人として務めている黒川徳男さん（國學院大學講師）は、自ら「鉄道オタクです!」と言われるだけあって、〝都電にまつわる話し〟についても実に詳しい!今回、黒川さんに教えてもらった、みんなが知っているようで意外に知らない「都

飛鳥山公園下の併用道路は「荒川線の碓氷峠越え」と言われるほどの急坂だ。

電のこぼれ話」をいくつかご紹介――

①荒川線の碓氷峠越え

王子駅前を出た早稲田行きの電車は、JR東北線のガードをくぐり、飛鳥山公園を左に見ながら明治通りの併用軌道の坂道を上り始める。実はこの坂の勾配は、旧JR信越本線の碓氷峠66・7‰（パーミル：1‰は1000mにつき1m上昇）と、ほぼ同じで、「荒川線の碓氷峠越え」とも言われる。国内の路面電車として最大の急斜面なのだ。普通なら勾配を数字で示した「鉄道標識」が線路際に立つが、荒川線は鉄道ではなく軌道なのでそれがない。

急坂は、雪の日などは滑るので砂を撒きながら走るそうだ。このため電車にはその砂を撒く管がついている。しかもそれは歩道側ではなく、車道側に付ける、という配慮がされているのだ。

②王子駅前のホームが長いのは？

一般的に都電荒川線のホームは短いが、王子駅前の停留場ホームだけはやたらに長い。その理由は、昔、赤羽行きや本郷行きなど、行き先の違う都電があり、それらが前後して停まっても乗り降りできるように、ホームが長く設計されていたらしい。また、折り返し運転ができるように、渡り

交差点の交通信号にある黄色い矢印は、都電線専用の信号である。

王子駅前のホームが長いのは？今は無き様々な路線の電車が複数停まれるように配慮した設計だから。

線を設けられている。

とにかく乗り降りの客が多い停留場なので、ラッシュ時など混雑する時間帯には、この路線唯一の有人改札業務が行われるのも特徴。運賃箱・カード読み取り端末も設置されており、ホームで運賃の支払いを済ませれば車内で運賃を支払う手間がなくなるので便利だ。

③都電専用の黄色い矢印信号

都電は基本的に専用軌道を走るが、荒川線の場合、王子駅前から飛鳥山の前までは道路上を走る。そしてその区間だけ、交差点の交通信号に黄色い矢印の信号がある。この黄色い矢印の信号は、路面電車用の信号だ。普通、赤信号が出ていて、左折だけ走行ＯＫという場合、赤信号に青信号の矢印が出るが、都電の場合は黄色の矢印。黄色矢印の灯火は「都電だけ進める」という合図だ。

これについては免許を取得する時に教習所で「路面電車の信号」として習うが、大体、みんな忘れている。だから地方から出て来てこの区間を走るとき、「あれ、この黄色の矢印信号は何だっけ？」とわからなくなる。東京でも都電は荒川線だけになり、黄色矢印信号は珍しくなった。

東日本大震災当日の夜、2時間足らずで復旧した都電は、不安がいっぱいの人々にとって、希望の光となった。（当日のイメージ写真）

④震災時、復旧が一番早かった都電

東日本大震災の時に東京で一番最初に復旧した電車は「都電」だ。2時間足らずで全線復旧した。

14時46分に地震が発生し、16時37分頃には全線が運転再開している。首都圏のJR在来線の復旧が1～2日要したのに比べ、都電はたったの2時間。しかも、交差点や停留場を通過するごとに、運転手さんが「右に行くと何々方面です、左に行くと何々方面です」と、帰り道をアナウンスし、帰宅難民となった乗客たちを安心させたという。

この早期復旧の理由は、①営業キロが人間なら3時間で歩ける12・2kmと短く、点検が容易だったこと ②専用軌道の区間が長く、車道との併用軌道区間が短いこと（併用軌道は飛鳥山前の明治通りの長さ415mだけ） ③架線の切断や線路のゆがみなどが、ほとんどなかった④単行運転なので、万一の時、普通の電車より停車しやすい ⑤都営交通としての公共性意識が高いこと。これなど駅のシャッターを早々と降ろしたJRと比べてみてもわかる。

当日の夜に黒川さんは実際に王子駅前から早稲田まで乗車したそうだが、公共交通機関としての使命感あふれた運転士さんの丁寧なアナウンスには感動したそうだ。

古いレールを柵に再利用。近くのJR王子駅では、ホームや跨線橋にもレールが使われている。いわゆるレール建築の一種。

⑤古いレールを柵に再利用！

滝野川一丁目から飛鳥山までの間や、王子駅前から栄町の間などに、都電のレールを再利用した柵がある。年代を見ると１９６２（昭和37）年などと記されている。この翌年から以後10年間にわたり都電廃止が相次いだ。古いレールは車輪との摩擦により内側がすり減るが、あまりすり減っていないレールも使われているのが胸を打つ。耐用年数が切れたわけではなく、廃線で無用になったレールと思われるからだ。

レール製ではないが、飛鳥山停留場近くの踏切のそばには、１９１１（明治44）年８月、王子電気が開通した時の架線の柱が使われている。また柱には、塗り直した「２００８（平成20）年」という数字も記されていて、都電ファンには感慨深いものがある。

起点駅の三ノ輪橋停留場の上屋の柱にも過去に使われていた線路が有効活用されている。いわゆるレール建築の一種である。

都電の魅力を発散していた王子駅前停留場

王子駅前は旧王子電気軌道の要となっていた大型停留場を引継いだものである。右の土盛り高架上が国鉄京浜東北線の王子駅。1面2線だが、その奥に平行して東北本線の複々線が通っている。左の川は石神井川。右に分れる線路は㉜系統早稲田方面行きと、⑲系統日本橋・通三丁目方面行きが通り、左に分れる線路は㉗系統赤羽方面行きが通っていた。ひと頃までは左右に直進する線路もあって三角線になっていた。奥が三ノ輪橋方面で、当停留場を含めてこれより先は下町の沖積平野（荒川沿いの低地）を進む。現在は東北新幹線の高架が頭上を覆い、荒川線のホームも改良されている。◎王子駅前　1970（昭和45）年9月30日　撮影：荻原二郎

王子駅前

SA 17

飛鳥山

都電荒川線早稲田行きの電車は、王子駅前から急カーブでJR京浜東北線のガード下をくぐり抜ける。ここが高架化されたのは昭和1ケタ代で、それ以前、王子電気軌道の路線はここで途切れていた。右手の音無川親水公園と左手の飛鳥山の麓との間を迂回しながら明治通りの併用軌道区間入る。そして、〝荒川線の碓氷峠越え〟と言われる急坂を上りながら、車の流れに合流、またカーブして「飛鳥山」の停留場に着く。カーブ直前の歩道橋は車と一緒に行き交う都電を撮影するグッドスポットだ。

飛鳥山停留場は、王子電気軌道時代も「飛鳥山」や「飛鳥山上」という停留場名だった。大塚線の開業の際のターミナルとして開設され、その後、明治通りと本郷通りの合流するところで終点となっていた東京市電の連絡乗り換えの場でもあった。

電停前の広い通りが岩槻街道とも呼ばれていた本郷通りで、それを渡ると飛鳥山公園。上野とともに落語の「花見の仇討」の舞台にもなっている江戸時代から続く桜の名所で、山頂には漢文で刻まれた飛鳥山碑や佐久間象山の桜賦碑が建っている。近年は、飛鳥山博物館・渋沢史料館・紙の博物館と3つの博物館巡りが定番コースになった。渋沢栄一をモデルにしたNHK大河ドラマの放映に合わせ、現在、飛鳥山博物館内には「青天を衝け・大河ドラマ館」が開設されている。

飛鳥山公園

飛鳥山公園は、徳川八代将軍吉宗の命により1720（享保5）年から飛鳥山に桜が植えられ、享保18年には花見の名所であり庶民の行楽地となっ

歌川広重による「名所江戸百景 飛鳥山北の眺望」。かつて眺望に優れていた飛鳥山の魅力が存分に表現されている。提供：飛鳥山博物館

浮世絵師・昇斎一景が描いた錦絵「東京名所四十八景 飛鳥やま」。子どもたちが「かわらけ投げ」に興じている。提供：豊島区郷土資料館

た由緒ある公園だ。その吉宗の事績を顕彰するために建てられたのが、現在も残る「飛鳥山碑」。いわば飛鳥山のランドマークで、浮世絵などで芝山に桜と石碑を描けば「飛鳥山」を示すほどになっている。

この碑は１９２０（大正９）年３月に都の指定有形文化財（古文書）に指定された。また、飛鳥山公園は、１８７３（明治６）年に日本最初の公園の一つに指定され、園内に残る渋沢栄一旧邸の遺構も２００５（平成17）年に国の重要文化財（建造物）に指定されている。

中央の児童エリアは、お城の遊具やゾウのすべり台がある。１９７８（昭和53）年４月まで都電荒川線を実際に走っていた車両「６０８０」や、１９４３（昭和18）年製造で１９７２（昭和47）年６月まで現役だった「蒸気機関車Ｄ５１８５３」が静態保存されている。また、鉄道ファンにはうれしい新幹線や在来線、貨物列車などの列車が見えるスポットもある。

２００９（平成21）年７月、高齢者、障害者、ベビーカー利用者でも気軽に登れる自走式モノレール方式の斜行昇降施設「あすかパークレール」が誕生した。車両がかたつむりに似ていることから、区民の公募によって「アスカルゴ」という愛称が付けられ、子どもから大人まで人気がある。このアスカルゴはＪＲ王子駅付近につながっている。

2階にある入口ホールから階段を降りると、飛鳥山博物館の常設展示場がある。北区の自然や歴史などをテーマ別にわかりやすく展示・解説している。

「北区飛鳥山博物館」は、飛鳥山公園の文化ゾーンに位置し、飛鳥山３つの博物館の一つでもある。北区の魅力を「大地・水・人」のテーマで構成した総合博物館。提供：飛鳥山博物館

1873(明治6)年、上野公園などと共に日本で最初の公園として開園した
飛鳥山公園。その古い歴史を象徴するかのような櫓和時計が園内に建つ。

現在、飛鳥山博物館では「渋沢×北区 青天を衝け大河ドラマ館」を開設している。期間は2021(令和3)年2月20日～12月26日まで。
北区王子1-1-3 03-3916-1133 10:00～17:00 月休(休日の場合は開館)

飛鳥山３つの博物館の一つ、「渋沢史料館」は、渋沢栄一の活動を広く紹介する博物館として、1982(昭和57)年に開館した。かつて栄一が住んでいた旧渋沢邸跡地に建っている。渋沢栄一の生涯と事績に関する資料を収蔵・展示し、関連イベントなども随時開催。旧渋沢庭園に残る大正期の２棟の建築「晩香廬」「青淵文庫」の内部公開も行っている。
北区西ヶ原2-16-1 03-3910-0005 10:00～17:00 月休(休日の場合は開館)

飛鳥山３つの博物館の一つ、「紙の博物館」は、和・洋紙を問わず古今東西の紙に関する資料を幅広く収集。それらを保存・展示している世界有数の紙専門の博物館。1950(昭和25)年にわが国の洋紙発祥之地である東京・王子で開設されたが、首都高速の建設に伴い、1998(平成10)年に現在の飛鳥山公園内へ移転された。
北区王子1-1-3 03-3916-2320 10:00～17:00 月休(休日の場合は開館)

青淵文庫(せいえんぶんこ)は、渋沢栄一の傘寿(80歳)と子爵昇爵を祝って竜門社(現・渋沢栄一記念財団)会員から贈られた鉄筋コンクリート造2階建ての書庫。「青淵」の名は渋沢栄一の号。外壁は石貼り、テラスに面した窓の上部はステンドガラスで飾られている。1階は閲覧室、2階は書庫。国指定重要文化財。

1737(元文2)年、徳川八代将軍吉宗が飛鳥山を王子権現に寄進したことを記念して建てられた「飛鳥山碑」。江戸時代には飛鳥山のランドマークとなり、浮世絵で芝山に桜と石碑を描けば「飛鳥山」を示した。東京都指定有形文化財(1920(大正9)年3月指定)

アスカルゴは、JR王子駅に近い飛鳥山公園入口と山頂を結ぶスロープカー。2009(平成21)年に導入された。施設名はあすかパークレールだが、車両名は愛称の「アスカルゴ」と呼ばれる。ゆっくり上がる様子がエスカルゴ(カタツムリ)に似ており、これと飛鳥山公園と組み合わせた造語だという。無人運転で、車イス・ベビーカーでも利用可能。

晩香廬(ばんこうろ)は、渋沢栄一の喜寿(77歳)を記念して清水組から贈られた木造の洋風茶室。様々な建築様式を取り混ぜ趣向を凝らした小建築で、賓客の接待に用いられた。建物に付けられた名前の由来には諸説あり、栄一自作の漢詩から取った説や、「バンガロー」の音に当てたとも言われている。国指定重要文化財。

1972(昭和47)年6月まで現役で走っていた蒸気機関車D51(853)。

飛鳥山公園内に静態保存されている都電は、1979(昭和54)年4月まで荒川線を走っていた車両(6000形)。都電のワンマン化を機に引退し、北区が引き取り、飛鳥山公園児童エリアに置かれている。そばには蒸気機関車のD51(853)も静態保存されている。

桜の賦の碑は、1881(明治14)年に建立された。桜賦は明治維新前後の日本に大きな影響を与えた佐久間象山の作。桜の花に託して憂国の情をうたったもの。門弟の勝海舟の意で碑にされた。碑の下には象山の挿袋石室が埋蔵されている。

七社神社は、江戸時代には七所明神社といい西ヶ原村(現・北区西ケ原)の鎮守。神仏混淆の江戸時代には別当寺である無量寺の境内にあった。祭神は、紀伊国高野山の四社明神を勧請し、これに天照大神、春日神、八幡神の三柱を合祀したのが七所(七社)の由来。写真はこの七柱を祀る拝殿。

都電神社めぐりが話題
七社神社

七社神社は古くから西ヶ原村の鎮守で、名称は「七所明神社」だった。当時は神仏習合なので別当寺である無量寺の境内(旧古河庭園)にあったが、明治維新の神仏分離で一本杉神明宮の社地に遷った。江戸名所図会には無量寺の高台に描かれている。

七社神社の移転により、天照大神を祀る一本杉神明宮は末社となり「天祖神社」と呼ばれるようになった。シンボルの巨大な一本杉は残念ながら枯れ、現在は社殿の背後に切株だけが残されている。

祭神は、紀伊高野山の四社明神を勧請し、これに伊勢・春日神・八幡神の三柱を合肥したのが七所(七社)の由来とされているが、詳しい由来は、1793(寛政5)年の火災によって、社殿をはじめ古文書等を焼失したため不明だ。境内から隣地にかけての一郭は、七社神社裏貝塚として知られた遺跡で、縄文式土器・弥生式土器・土師器などが発見されている。

渋沢栄一も氏子だった

渋沢栄一は1879(明治12)年に西ヶ原村に飛鳥山邸を別邸として建て、ここを1901(明治34)年に本邸にし、近くの七社神社の氏子になっ

「都電神社めぐり」の御朱印帳は、可愛らしい都電のイラストが表紙に描かれており、人気を呼んでいる。

七社神社の拝殿に掲げられているのは、渋沢栄一翁揮毫の「社号額」。

た。また、氏子になっただけではなく、七社神社を中心に地元の西ヶ原の人々とも関わりを深めていく。

明治22年に西ヶ原村は近隣の村々と合併し、滝野川村（その後滝野川町に）となるが、栄一の旧西ヶ原村の人々とのつながりは続き、自治会もつくって七社神社祭礼、会員相互の親睦、消防などの事業を行い、名誉会員として自治会を支援した。西ヶ原地区在住の青年たちが西ヶ原青年会を設立した時には、同地区に住む古河虎之助（古河財閥三代目）と相談。活動の拠点となる会堂建築のために5000円を寄付し、竣工式にも出席している。この会堂は七社神社の旧社務所として使われていた。このように七社神社と渋沢栄一の関わりは深く、拝殿の正面には栄一揮毫の社額も掲げられている。

境内には、末社となった天祖神社のほかに、末社として稲荷神社・菅原神社・三峯神社・熊野神社・疱瘡社が並ぶ。また、古河虎之助寄贈の孔子像と孟子像もある。

伝統行事としては、北区でも珍しい「茅の輪くぐり」を行っており、毎年7月には、力強く泣くことで健やかに育つことを祈願する「一心泣き相撲」を開催している。最近では、沿線4社（尾久八幡神社・七社神社・天祖神社・大島神社）による「都電神社めぐり」の中心的存在で、都電のイラストが表紙に描かれた御朱印帳が人気を呼んでいる。

北区西ケ原2－11－1　03－3910－1641　「飛鳥山停留場」から徒歩5分

西ヶ原一里塚

日本橋から日光まで続く日光御成道の二番目の一里塚は、江戸時代に設置された貴重なもので、1922(大正11)年に国史跡に指定された。その後、東京市電の軌道敷設に伴い、撤去されそうになったが、渋沢栄一や地元住民らが強く反対し、傍らにある2本のエノキとともに保存されることになった。エノキは枯れてしまったため、現在のは二代目だ。

西ヶ原一里塚は、江戸時代の日光御成街道の二里目の一里塚。設置された当時の旧位置を留めており、歴史的にも貴重なものだ。大正時代の道路改修時に撤去が決まったが、渋沢栄一や地元住民の運動によって塚の保存に成功した。1922(大正11)年3月には、国史跡に指定されている。

旧古河庭園は、武蔵野台地に立つバラの洋館と和洋の調和を実現した名園。ベルサイユ宮殿風の洋館前花壇には、90種180株のバラが植栽されている。

和洋の調和を実現した名園
旧古河庭園

銅山王古河市兵衛邸に広がる和洋折衷公園である。もともと明治の政治家・陸奥宗光の別邸だったが、次男が古河財閥の養子になったことで古河家の所有となる。

現在の洋館と洋風庭園の設計は、鹿鳴館やニコライ堂などを手がけた英国人ジョサイア・コンドル。日本庭園は、平安神宮神苑や円山公園などを作庭した京都の庭師・小川治兵衛だ。大正初期の庭園の原形をとどめる貴

無量寺は真言宗豊山派に属する寺院。江戸時代には、江戸六阿弥陀詣(豊島西福寺・沼田延命院・西ヶ原無量寺・田端与楽寺・下谷広小路常楽院・亀戸常光寺)の第三番目の阿弥陀として親しまれた。

重な存在で、伝統的な手法と近代的な技術の融和を実現した庭園として名高い。

2006(平成18)年には文化財保護法により、国の名勝指定を受けた。ベルサイユ宮殿を摸したと言われる洋館前の花壇には、90種180株のバラが植栽されており、周辺のツツジやサツキも見どころだ。花が満開になる4月下旬から6月にかけて多くの人が訪れる。

北区西ケ原1-27-39「飛鳥山停留場」徒歩16分
9時～17時 無休
中学生以上は150円(都内在住・在学中の中学生は無料)
03-3910-0394

江戸六阿弥陀詣の三番
無量寺

旧古河庭園に隣接する無量寺。創建年代は不明だが、調査により14世紀頃の板碑が多数確認されている。また、新編武蔵国風土記稿や寺伝などには、1648(慶安元)年に幕府から8石5斗余の年貢・課役を免除されたこと、1701(元禄14)年4月に五代将軍綱吉の生母桂昌院が参詣したこと、寺号が九代将軍家重の幼名長福丸と同じであるため、これを避け現在の名称に改めたことが記されている。

赤いテントが目印の自然食品の店、オーガニックステーション「飛鳥山テラス」

本堂の正面には、平安時代後期に造られたといわれる阿弥陀如来坐像が鎮座している。江戸時代には、江戸六阿弥陀詣の三番として親しまれた。人々は春と秋の彼岸に極楽往生を願い、花見や紅葉狩りを楽みながら各所の阿弥陀如来を巡拝していたようだ。

阿弥陀如来坐像の右側には、本尊である不動明王像が安置されている。言い伝えによれば、ある晩、忍び込んだ盗賊が不動明王像の前で急に動けなくなり、翌朝捕まったことから「足止め不動」として信仰されるようになった。また、大師堂の中には恵心作の聖観音像が安置されており、「雷除けの本尊」としても知られている。

北区西ケ原1－34－8「飛鳥山停留場」徒歩16分

オーガニック食材や雑貨を扱うカフェ オーガニックステーション「飛鳥山テラス」

赤テントが目を引く自然食品の店、オーガニックステーション「飛鳥山テラス」。全国の契約農家から仕入れたオーガニック野菜をはじめ、こだわりの調味料、お菓子、パン、穀物、安全なオーガニック加工食品、乳製品や飲料、コスメから雑貨まで約500種類以上の豊富なアイテムを取りそろえている。

国際食学協会認定講師の資格を持つオーナーの早瀬可依子さんは、店に

最近は渋沢栄一が好んだオートミール関連で「有機オートミール」が注目株。

店内にはオーガニック野菜をはじめ、こだわりの食材、コスメ、雑貨など約500種類以上の豊富なアイテムがそろっている。

来る客の体調に合わせて食材選びをアドバイス。また、店内で食学講座も開いている。さらに早瀬さんは、ベビーマッサージ講師やチャイルドケアインストラクターでもあるので、子育ての相談にも応じ、親子で一緒に参加できるワークショップも不定期で開催。地元のお母さんたちに喜ばれている。店内のトイレにはオムツ台も設置されており、子育てママも安心だ。買物ついでにひと息つけるカフェコーナーでは、その日の体調や好みによってブレンドされたハーブティーやオーガニックコーヒーなどを味わうことができる。

北区の健康づくり推進店で、「渋沢栄一が好んだオートミールで街を盛り上げようと、『いい店&老舗の会』のメンバーでもあるＹｕｒｕＣａｆｅ&木づかい工房の小川さんと"オートミールプロジェクト"を立ち上げました」と早瀬さん。このプロジェクトは、現在、20店舗以上が参加するほど盛り上がり、お互いの交流も活発化。それぞれが北区における食文化発展の一翼を担っている。

北区滝野川1-60-6　「飛鳥山停留場」徒歩3分
03-6903-4395　日・月休　10時~18時30分

飛鳥山、王子近辺を観光するなら北区コミュニティバス「愛称Kバス」が便利。

飛鳥山、旧古河庭園など区内観光に便利！
北区コミュニティバス「愛称Kバス」

北区では、平成20年4月より白が基調の車体に北区のシンボルである桜の花びら描いた明るいデザインのコミュニティバス・Kバス（日立自動車交通）を運行。現在では、渋沢栄一のキャラクターを描いた車両も走っている。地域の人たちはもちろん、観光客にも好評だ。しかも、運賃は大人も子どもも同一の税込100円と安価だ。年間を通じて毎日同時刻発、20分間隔で運行しているので予定を立てやすい。

走行ルートは、JR王子駅→中央図書館→北区役所→飛鳥山公園→旧古河庭園（滝野川会館）→霜降橋等を経由し、JR駒込駅で折り返した後、またJR王子駅に戻る「王子・駒込ルート」（1周40分）と、JR駒込駅→「田端区民センター→JR田端駅→滝野川会館（滝野川健康支援センター）、霜降橋などを経由し、JR駒込駅に戻る「田端循環ルート」（1周20分）の2種類。

2つのルート間は指定バス停で乗り継ぎができる（当日1回のみ無料）。なお、乗り継ぎの指定バス停は2ヶ所。王子・駒込ルートの「旧古河庭園」と、田端循環ルートの「滝野川会館」で乗り継ぐことができる。JR駒込駅でも2つのルートの相互乗り継ぎが可能。

小台、荒川車庫前付近(大正5年)

ほぼ東西に流れる隅田川の南側を並行するように走る王子電気軌道(王電)。停留場は、小台と船方車庫前(現・荒川車庫前)である。このあたりの区間は、1913(大正2)年4月に三ノ輪(現・三ノ輪橋)まで延伸しているが、荒川遊園前(現・荒川遊園地前)の電停はまだ存在していなかった。東側の熊野前付近と同様、船方付近には、猪苗代水電の変電所が置かれていた。

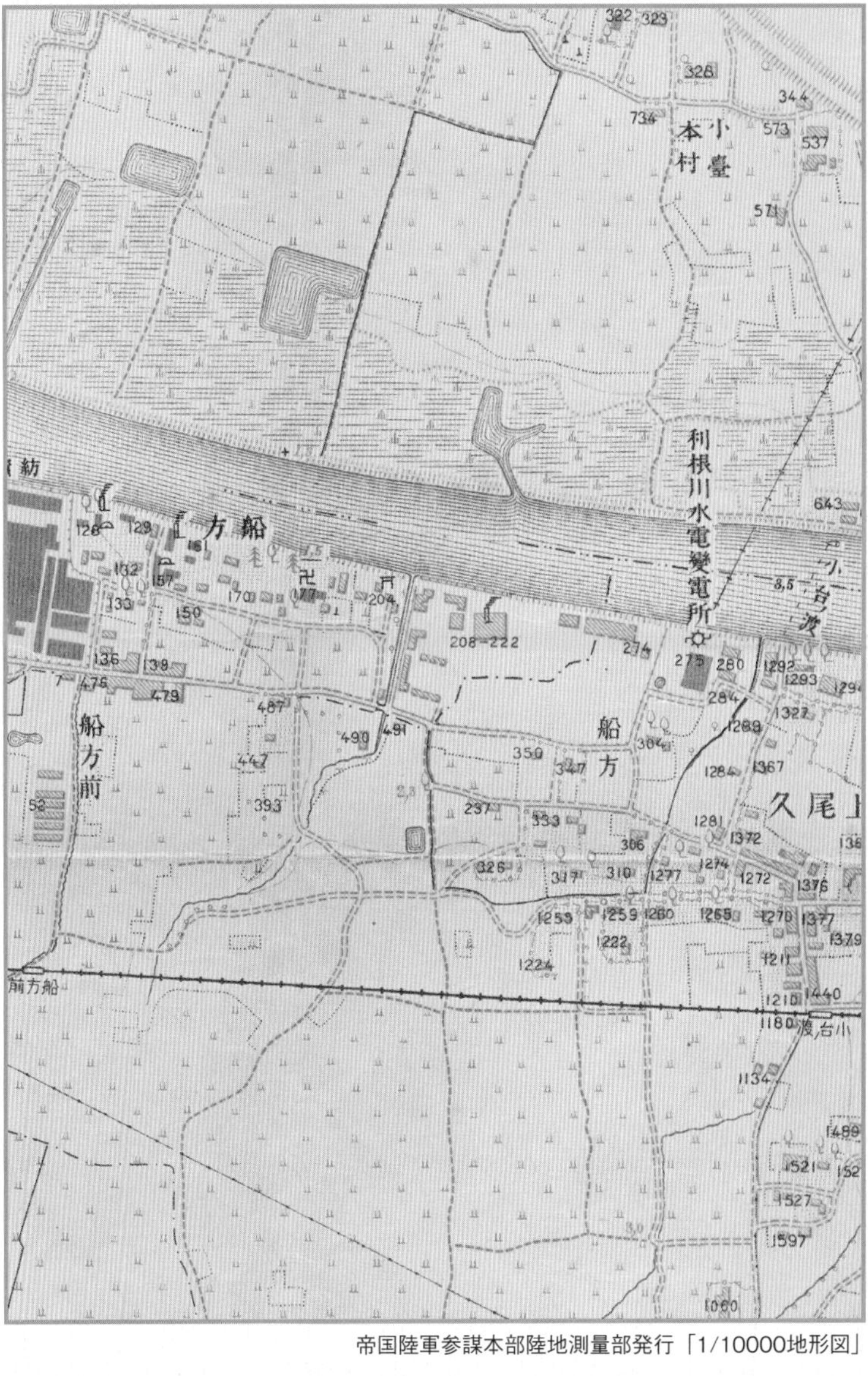

帝国陸軍参謀本部陸地測量部発行「1/10000地形図」

SA 18

滝野川一丁目

「滝野川」という地名の由来は、付近を流れる石神井川が渓谷となって蛇行し、流れも急で滝のようだったから、という説と、鎌倉から戦国時代まで、この地域を支配したのが豊島氏の家臣滝野川氏だったから、という説とがある。

江戸時代には、徳川八代将軍吉宗が「滝野川は生地の紀州に似ている」ということで、熊野権現ゆかりの王子権現(王子神社)を保護。飛鳥山に桜を植えるなど、辺り一帯を江戸市民の行楽地にしたという。石神井川には、音無川の別名がある。紀州の熊野を流れる川の名前である。滝野川と音無川では、まったく正反対のイメージだ。紅葉の名所と言われる滝野川の中心は金剛寺で、境内には石造の仁王像や大黒天、恵比寿などがある。

また江戸時代は、滝野川人参や滝野川牛蒡などの野菜の種苗の栽培が盛んで、それを中山道沿いで売っていたことから、参勤交代で往来する大名が買い入れ、領内で栽培を広めた者もいたという。いまは北区の一部になったが、昭和7年から22年まで、滝野川区というのがあった。

停留場名は、王子電気軌道時代は「滝野川」だったが、昭和33年に現在の「滝野川一丁目」変更された。

ホームがほぼ向かい合う滝野川一丁目停留場

“小さな街中史料館”のカフェ Yuru Cafe&木づかい工房 木楽楽

早稲田行きの電車が飛鳥山停留場を出て、滝野川一丁目の停留場に近づくと、沿線に面した外壁に看板やパネル、テラス風の造作などでアピールしている建物が目に付く。これは地元で材木屋「小川木材商店」を営むの

店内から都電が見える Yuru Cafe 木楽楽

Yuru Cafe &木づかい工房 木楽楽 外観

小川純司さんの職住接近の発信基地だ。

滝野川一丁目の停留場で降り、飛鳥山方面へ歩いて1分。掲げられている看板をそばに寄ってよく見ると、「(有)小川木材商店」「小さな街中史料館」「Ｙｕｒｕ Ｃａｆｅ木楽楽」と、3つが並んでいる。

とりあえず、Ｙｕｒｕ Ｃａｆｅ木楽楽に入って、オーナーの小川さんに話しを聞いた。

「もともとは材木屋です。基本的に〝木〟が好きなので、木を売りたい。でも時代的にそれだけは商売が成り立たないので、最近は建築を請け負って、工務店としてやっています。で、カフェをつくったのは、いわばショールームの延長ですね。私も若い頃にフランス料理の修業をしており、「食」については関心が高いですからね。5年ほど前までは人に任せたふつうのカフェでした。窓から都電が見える設計をねらいましたので、結構、人気がありましたが」と笑う小川さん。

取材もそれを見込んで行ったのだか、どうも違ったらしい。また小川さんは材木屋とカフェ経営だけではなかった。北区の「いい店&老舗の会」のメンバーの一人として、いま大河ドラマで盛り上がっている「渋沢栄一」の広報活動に熱心だった。それが3つ目の看板である「小さな街中史料館」だ。

オートミールプロジェクトに取り組む小川純司さん

Yuru Cafe 木楽楽の「飛鳥山オートミールマフィン」

オートミールプロジェクトを推進！

「渋沢史料館がリニューアル工事で休館していた時、北とぴあの最上階でパネルによる〝街中史料館〟が開催されたのですが、外に展示しているのは、そのパネルを再制作したものです。ここに展示して、近くの小学生も含めた地域の人に見てもらい、渋沢翁の偉大さを知るきっかけになれば、と思っています」(小川さん)

まちおこしの一環として、もうすぐ一万円札の顔にもなる渋沢栄一を他のメンバーとともに徹底的に応援したいという。これまでも、渋沢を知るためのクイズラリー、春のスタンプラリー、渋沢史料館の館長出前講演会、グランド・オールド・マンシルエットの推進と、さまざまなイベントに取り組んできた。そして極めつきは、小川さんがいま力を入れている「オートミールプロジェクト」だ。

これは、渋沢翁が好きだったオートミールを北区食文化の一つとしてPRするものだ。北区内の各店でオートミール料理や商品などを販売することで、「渋沢栄一と地元の元気」をアピールする。「商売は地域を大切にすること」という渋沢栄一の教えにもかなうからだ。月1回の営業日に出すカフェのメニューには、オートミールを使ったランチプレートを予定している。

ゲーテの小径にあるゲーテ記念館前ポケットパーク

北区西ヶ原の「東京ゲーテ記念館」

北区滝野川1－14－9「滝野川一丁目停留場」から徒歩1分
03－3949－1256

洋書・和書合わせて約15万点所蔵
東京ゲーテ記念館

文字通り、ドイツの文豪・ヨハン・ヴォルフガング・フォン・ゲーテに関する文献を集めた私立図書館である。茨城県出身の実業家・粉川忠氏によって、ゲーテ生誕200年に当たる1949年に財団法人東京ゲーテ協会を北区の王子で発足させて活動を開始。1964年に渋谷区神泉町に初代東京ゲーテ記念館を建てた。その後、建物が手狭になったということで、1988年に北区西ヶ原に移転、現在の東京ゲーテ記念館が開館した。

館内には、粉川氏が収集したゲーテに関する書籍が、洋書・和書を合わせて約15万点が所蔵され、世界でも類を見ない規模となっている。

初代東京ゲーテ記念館にあった蔵書などはそのまま引き継がれており、以前と同じく定期的に展示会を開催。それまで限定的だった文献の閲覧も予約すれば誰でも可能になった。

運営しているのは、財団法人東京ゲーテ記念館で、1989年に初代

紅葉が美しい東京都北区の金剛寺(山門)

館長の粉川忠氏が没し、現在は長男で映画監督の粉川哲夫氏が館長になっている。

記念館の前の道は〝ゲーテの小径〟と呼ばれ、ゲーテに関する詩が刻まれたレリーフがある。また、記念館前には、ゲーテの詩を掲げたゲーテパークもある。

北区西ヶ原2-30-1「滝野川一丁目停留場」徒歩7分
03-3918-0828

別称「紅葉寺」で知られている金剛寺

真言宗豊山派の寺院の金剛寺は、滝河山松橋院と号する。弘法大師が遊歴した際に創建したと伝わり、大師自らが彫り、石の上に安置したとされる不動明王像がこの寺の本尊となっている。

山門脇に設置された北区教育委員会の説明板によると、1180(治承4)年8月、源頼朝は配流先の伊豆で挙兵し、石橋山の合戦で敗れて安房に逃れたが、上総・下総を経て隅田川を渡り、滝野川・板橋から府中六所明神に向かい、ここから鎌倉に入って政権を樹立した。この途中で頼朝は軍勢を率いて滝野川の松橋に陣を張ったと言われている。

松橋とは、当時の金剛寺の寺域を中心とする地名で、そこから見る石神

「紅葉寺」の名前でも知られている金剛寺(本堂

井川の流域は、両岸に岩が切り立って松や楓があり、深山幽谷の趣があったとか。そして崖下の洞窟には、弘法大師の作と伝えられる石の弁財天が祀られていた。頼朝は、弁財天に祈願して金剛寺の寺域に弁天堂を建立し、所領の田地を寄進したとも伝わる。金剛寺は紅葉寺とも称されるが、これは、この地域が弁天の滝や紅葉の名所として知られていたことに由来するものだ。

北区滝野川3-88-17 「滝野川一丁目停留場」徒歩15分
9時～17時

落着きのある街・滝野川一丁目電停に停車中の早稲田行き6000形電車

滝野川停留場は戦後の1956（昭和31）年に開設された比較的新しい電停である。左のビルは私立の「桜丘女子学園高等学校」（当時）で、都電の沿線では停留場から最も近い徒歩１分というアクセスの良い学校の１つとして知られていた。現在も同じ場所にあり、2004（平成16）年度から男女共学になり、校名も「桜丘中学・高等学校」と改めて、校舎も大きくなっている。
◎滝野川一丁目　1970（昭和45）年８月16日　撮影：荻原二郎

子学園
軌道敷地内通行禁止

SA 19

西ヶ原四丁目

西ケ原は北区南西部の武蔵野台地に広がる、山の手の住宅地である。地域の中央を南北に本郷通りが縦走し、2000年に府中に移転するまで、東京外語大学の校舎があった。跡地には「西ヶ原みんなの公園」が造られている。

地名の西ケ原には、平塚明神(神社)のある上中里や中里に対する〝西の原〟という意味があるらしい。江戸時代は、もと東京外語大学があった一帯は将軍狩猟の林地と殿舎があり、御殿山と呼ばれた。明治になって御薬園跡に海軍の火薬庫が置かれ、戦後、この跡地に外語大が移ったのだ。

本郷通りには北区コミュニティ(Kバス)の王子・駒込ルートが運行されており、西ケ原地域内には、「旧古河庭園」「花と森の東京病院」「一里塚」の3停留所が設けられている。都電沿線には昔と変わらぬ風景が随所に残っており、住むにはいい地域だと言える。

西ヶ原四丁目停留場に隣接する「カフェ&パル Tram(トラム)」

ホームのすぐ目の前に位置する アットホームな「カフェ&パルTram(トラム)」

IT企業を脱サラして、西ヶ原停留場ホームの目の前という恵まれた物件に出会い、2019(令和元)年9月、長年の夢を叶えたオーナーの釜野芳一さん。「スペインバルのような、みんなが気軽に立ち寄れる店を構えたかった」と話す。地の利の良さはもちろんだが、メニューの多さには驚かされる。もともと料理が好きなのだ。

「ファミリーでフランクに入れるカフェがない」ことに気づき、店のス

「ファミリーでフランクに入れる店」がコンセプトのTram（トラム）

Tram（トラム）は、料理やアルコールメニューもバラエティ豊か

ペースは限られているが、料理メニューやアルコールメニューをバラエティ豊かに広げたのがご自慢だ。

人気メニューは、自家製の燻製ベーコンのポテトサラダ（480円）、魚介と香味野菜の生ハムマリネ（620円）、ラビオリのトマトソース和え（720円〜）、燻製ナポリタンのパスタ（980円）、熟成トマトキーマのカレーライス（980円）、厚切り豚ロース生姜焼きセット（1150円）など。お子様プレートも充実させている。スイーツ系も季節に応じて、ケーキ・パフェ・アイスクリームなどの「本日スイーツ」を用意。

また、日本各地のクラフトビール30種類の中から常時4種類を提供している。飲み比べセットとして、2種類1000円、3種類1250円、4種類1480円が目玉商品。とにかく、バラエティ豊かな料理や100種以上のお酒が安価で楽しめるのがトラムの魅力だ。

2階には、都電が間近に見えるレンタルスペースもあり、飲食物は持ち込み自由で1時間980円と、これもリーズナブル価格。1時間から最長1か月まで予約でき、コロナ禍の今は自粛しなければならないが、誕生日会や歓送迎会など目的に合わせて気軽に利用できる。

豊島区西巣鴨4－30－6　03－5980－8743
月・火・木・日は11時〜22時30分　金・土・祝祭日は11時30分〜23時30分 水休
レンタルスペースは10時〜22時

1914(大正3)年創業の老舗和菓子店「梶野園」

江戸火消しの心意気を形に！老舗和菓子店の「纏もなか」

西ヶ原四丁目停留場の近くにある「梶野園」は、1914(大正3)年創業の老舗和菓子店で、看板商品の「纏もなか」が広く知られている。

「菓子屋らしくない名前ですが、初代が造園業を営んでいた人で、多くのとび職人を抱え、大規模な庭園を造っていたようです。で、もともと甘いもの好きで、最初は趣味のような感じで和菓子屋を始めたらしいのですが、持ち前の職人気質から中途半端なものでは納得出来ず、本格的な和菓子づくりになっていったと聞いています」と4代目の梶野弘晃社長。

造園業には、高所も自在に動き回れるとび職人が欠かせない。また、江戸時代からとび職人は町火消しの主役として活躍しており、これが梶野園のとび職人たちの姿とも重なり、火消しシンボルである「纏」を形どった「纏もなか」が生まれたそうだ。

「纏もなか」は、1950(昭和25)年頃から製造を開始。1957(昭和32)年に商標登録を取得した。店内には「第23回全国菓子大博覧会 名誉総裁賞」と書かれた楯が飾られているが、これは1998(平成10)年に「纏もなか」で受賞したものだ。纏もなかは1個197円(税込)から販売されている。

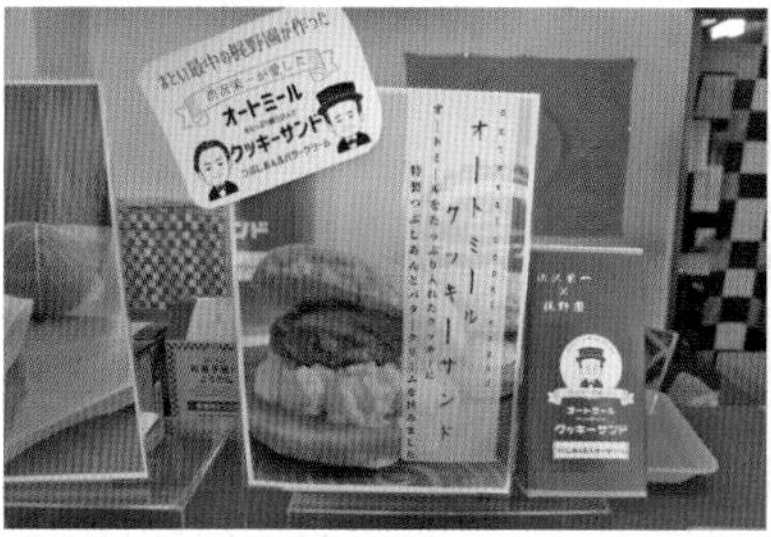

梶野園のもう一つの人気商品「オートミールクッキーサンド」

「第23回全国菓子大博覧会 名誉総裁賞」を受賞した纏もなか

纏もなか以外にも、オリジナル和菓子が、通年商品、季節商品ともに多彩にそろっている。

「ボクはまだ引き継いだばかりですが、うちの父に当たる3代目が味にうるさい人で、さらに研究を重ねて、梶野園の伝統の味に、プラスアルファの商品がいろいろ生まれました」（梶野社長）

北区ではいま大河ドラマや新一万円札の顔として「渋沢栄一」旋風が巻き起こっているが、梶野園でも、その関連商品として、渋沢翁の好物だったオートミールをクッキー生地にたっぷり練り込み、纏もなかと同じ特製つぶしあんとバタークリームを挟んだ「オートミール クッキーサンド」を開発、販売している。1個184円（税込）、5個入918円（税込）。また、纏もなか4個入（税込791円）の渋沢栄一スペシャルパッケージ版も用意している。

「周辺に若い人が増えましたので、そういう方たちの味覚に合うものも創りつつ、纏もなかという伝統も大切に守って行きたいです」というのが、地域に寄り添う4代目梶野社長の抱負だそうだ。

北区西ケ原4－65－5「西ヶ原四丁目停留場」徒歩3分

03－3910－5760 10時～17時 日休

ライトアップされて浮かび上がる赤い閻魔様

江戸三大閻魔の一つとしても知られる善養寺

江戸三大閻魔の一つを祀る善養寺

妙行寺の隣りにある善養寺には、迫力満点の閻魔大王像が祀られている。もともとは鎌倉時代の名工運慶が造ったというが、現在のは江戸時代の天保年中に造られたものだ。

寺伝によると、平安時代の天長年間（824～834）に慈覚大師円仁が上野山内に開創したと伝えられている。そして、寛文年間（1661～1672）に下谷坂本（現・台東区上野公園）に移転した。さらに1912（明治45）年のときに境内が鉄道用地の拡張にかかるということで、北豊島郡巣鴨村（現・豊島区西巣鴨）のに移転し、現在に至っている。

本堂の中央には高さ約3メートルの木造閻魔座像が鎮座。周辺は暗いが、近づくとセンサーが感知し、ライトアップされて赤い閻魔様が浮かび上がるようになっている。

江戸三大閻魔の一つとしても知られており、地元では「おえんまさまの寺」と呼ばれている。ちなみに江戸三閻魔のあと二つは、杉並区の華徳院、新宿区の太宗寺にある。

境内には、1629（寛永6）年造立の石燈籠、1788（延宝8）年の宝

本堂の前には、日蓮大聖人の御尊像が建つ。

参道を歩いて行くと正面に妙行寺の本堂がある。

篋印塔、また尾崎光琳の弟で、江戸時代中期に陶工・絵師として活躍した尾形乾山の墓（東京都指定旧跡）や、フランスでジュリオ・キュリー教授（キュリー夫人の娘婿）の指導を受けた、原子物理学者・湯浅年子の墓など、多くの文化財が残されている。

豊島区西巣鴨4－8－25号　「西ヶ原四丁目停留場」徒歩5分

四谷怪談　お岩様の寺
妙行寺

妙行寺は、1624（寛永元）年、開基日善上人によって建立された。当初は四谷鮫が橋（現在のJR信濃町駅付近）にあったが、1909（明治42）年、現在地に移転した。この寺を有名にしているのが、〝東海道四谷怪談〟のお岩様だ。門前に「四谷怪談　お岩様の寺」と刻んだ石碑もある。

境内に入ると、正面の本堂に向かう右側に魚河岸供養塔、うなぎ供養塔、納骨堂などが並んでいる。

本堂の前には、法華宗のシンボル・日蓮聖人の像が建つ。その左手が墓地だ。

お岩様の墓地入口には鳥居と由緒が書いてある案内板がある。左へ行くと、赤穂藩浅野家の墓所があり、浅野内匠頭の祖母、高光院殿と弟大学長広公夫人・蓮光院殿の墓、そして内匠頭の奥方・瑤泉院の供養塔が並ぶ。

この供養塔は、松の廊下の刃傷により、浅野家はお家断絶となり、以後供

田宮家代々の墓地の奥にある五重塔がお岩様の墓

年１回の御開帳でしか拝観できないお岩様像

境内入口には「四谷怪談お岩様の寺」と刻んだ石碑がある

養されないと危惧した瑤泉院が金30両を永代供養料として妙行寺へ納め、建立されたものだという。

浅野家の墓を回り込んだ後ろが田宮家の墓所で、奥の高い位置にお岩様の墓がある。周りには卒塔婆が林立している。お岩様は実在の人物で、実家は妙行寺の檀家だった。怪談では、伊右衛門が田宮家へ婿入りし、お岩と夫婦になるが、隣家の娘と恋仲になり、妻のお岩を邪魔にし、ついに殺めてしまう。そして伊右衛門は自業に悩まされ、災いも多く、2年後に早死にしたとされる。この田宮家の因縁は妙行寺住職四世日遵上人が懇ろに読経回向を行ったことで一切取り除かれたということだ。

実際のお岩様は貞淑で夫の伊右衛門とも仲がよく、お岩様の信仰のおかげで田宮家も栄えたという話も伝わる。しかし"東海道四谷怪談"ではかなり脚色。今でも歌舞伎や芝居などで上演する前には、お岩様ゆかりの寺や神社にお参りをしないと祟りがあると信じられている。

現在の田宮家は11代目。新宿区四谷左門町（田宮神社）にあり、年1回は必ずこの妙行寺で追善供養を続けているという。人々のお岩様の不遇を同情する気持ちは、逆に参詣すれば自分の不遇が救われる、という法華経の功徳につながる。現在でも、さまざまな悩みを持つ人々が心願成就のために参詣し、墓前には信仰篤い人々の手向ける線香の煙が絶えない。

豊島区西巣鴨4－8－28　「西ヶ原四丁目停留場」徒歩5分

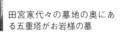

梶原、飛鳥山下付近（大正10年）

王子電気軌道の西側区間である、大塚駅前〜飛鳥山上（現・飛鳥山）間が開通したのは1911（明治44）年８月。東側区間の飛鳥山下（現・梶原）〜三ノ輪（現・三ノ輪橋）間の開業は1913（大正２）年４月で、約１年半のズレがあった。その後、それぞれが王子駅付近へ延伸して東西の路線がつながるのは、1925（大正14）年11月まで待たねばならなかった。

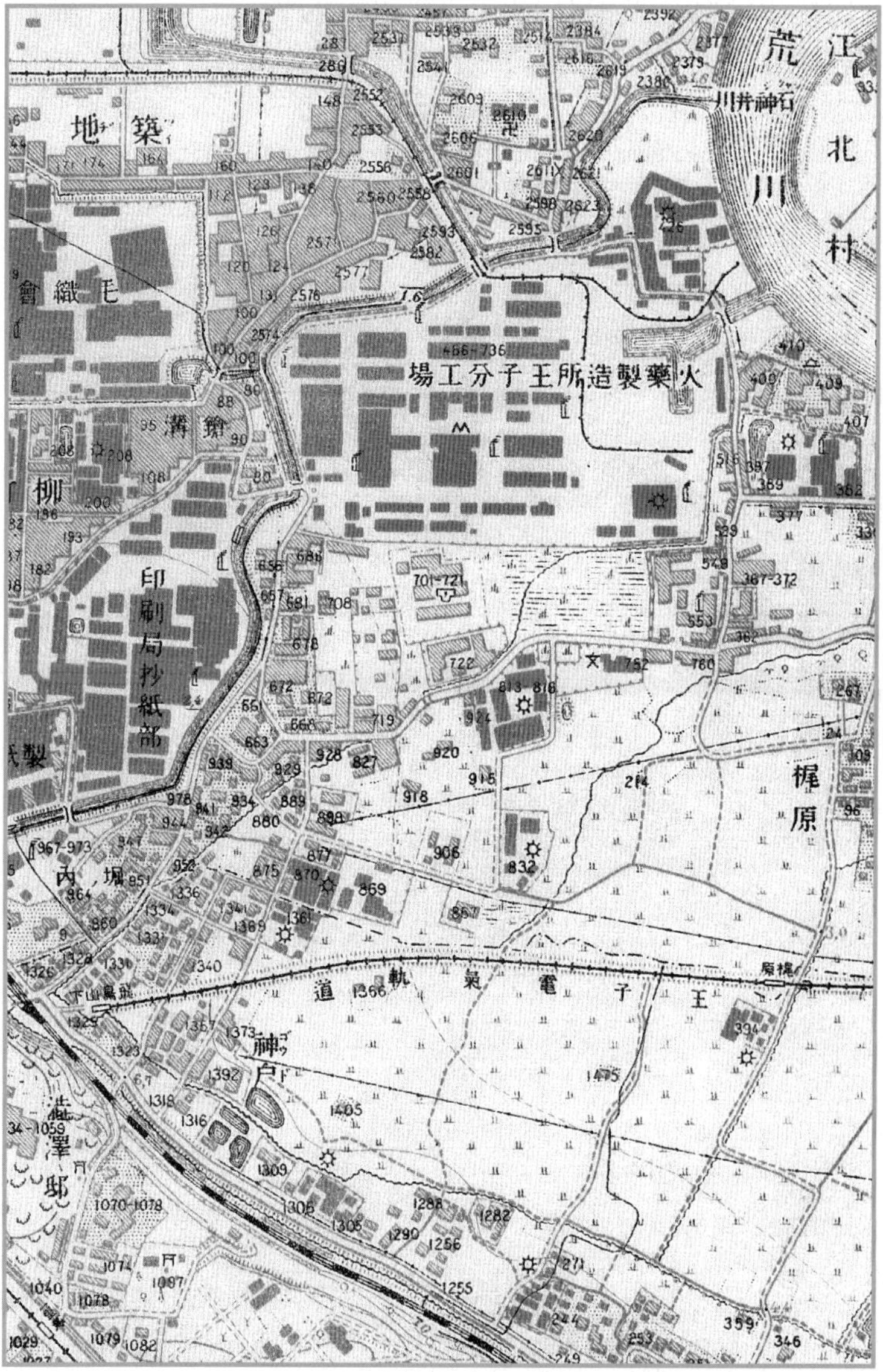

帝国陸軍参謀本部陸地測量部発行「1/10000地形図」

山の手の下町風景、西ヶ原四丁目(旧・滝野川)の踏切を進む早稲田行き電車

専用軌道特有の踏切と停留場が一体化したような温もりのある風景である。立派な架線柱が建っているのは、旧王子電気軌道が自家発電による電力供給事業を行っていた頃、高圧線を通していた頃の名残。1942(昭和17)年の戦時統制で軌道事業は東京市(東京都)に、配電事業は関東配電(現・東京電力)に統合された。王電に限らず、京王、目蒲、京浜、小田急なども沿線に給電事業を行っていた。現在、荒川線のこのタイプの鉄柱は、一部が上部を撤去して背を低くしたもの以外は撤去されている。◎西ヶ原四丁目　1970(昭和45)年8月16日　撮影：荻原二郎

西ヶ原四丁目
特許
早稲田
32
8125

SA 20

新庚申塚

新庚申塚停留所は、1927（昭和2）に行われた中山道の新道整備に伴い、1929（昭和4）年5月、王子電気軌道の「板橋新道停留場」として新設された。そして翌年3月には、「新庚申塚停留場」と改称されている。その後、王子電気軌道の事業が東京市に譲渡されたことにより、東京市電の滝野川線および板橋線の停留場となる。そして東京市電は都電に変わり、1974（昭和49）年10月、路線系統の統合で、唯一残された都電荒川線の停留場となった。

停留場は白山通り（国道17号）を挟んで位置し、王子方面のホーム側に、電車に電気を送る変電所がある。近くの通りには〝お岩通り〟という名が付いており、白山通りを北西に約250メートルほど行ったところには、都営地下鉄三田線の西巣鴨駅がある。

新庚申塚停留場そばには、都電荒川線の車両に電気を供給する変電所がある。

芥川龍之介らが眠る古刹 慈眼寺

染井霊園に隣接する慈眼寺は、360余年を数えるにふさわしい由緒ある古刹。日蓮宗の寺院で、1615（元和元）年に「立野山慈眼寺」として深川（現・江東区新大橋辺り）で創建された。その後、1693（元禄6）年に寺領が幕府御用地となり、本所猿江（江東区猿江）に移転、のちに身延山久遠寺末から水戸久昌寺末となった。

明治40年、43年の二度にわたる水害（天明以来の大水害）により、慈眼寺も

日蓮聖人700年遠忌を記念して再建された本堂

豊島区の慈眼寺にある芥川龍之介の墓。墓は愛用していた座布団と同じ寸法だという。

本堂の左手にある浦里・時次郎の比翼塚

司馬江漢の墓

宇堂の大半を損壊。1912(明治45)年に谷中妙伝寺と合併し、現在地に移った。この頃に山号の立野山が正寿山と変わったとされている。現在の本堂・庫裡は、日蓮聖人700年遠忌を記念して再建されたものだ。本堂正面には、先々代住職・日明上人の筆による「正寿山」の扁額がかかっている。

境内の本堂左手に、二つの石塔が身を寄せ合うように建てられているのが、浦里・時次郎の「比翼塚」である。浦里・時次郎の哀話は、歌舞伎、人情本、落語にまでとりあげられ、庶民の涙を誘ったが、何と言っても圧巻は新内の「明烏夢泡雪」だ。「蘭蝶」と並んで新内節の双璧をなす代表作となっている。

墓地には、小説家の芥川龍之介が眠る。墓石は、本人の遺言で愛用の座布団と同じ寸法で作られており、墓石の上部には家紋の桐紋が刻印されている。

芥川は、死後の戒名を拒否していたとされ、実際に戒名をつけるつけないのいざこざがあり、久米正雄が間に入って解決。当時の住職篠原智光師(日明上人)が戒名をつけたという。

同じ墓には、谷崎潤一郎の分骨墓もあり、江戸中期の儒者・斉藤鶴磯、江戸後期の蘭学者で絵師の司馬江漢、〝忠臣蔵〟の四十七士と戦った吉良方の勇士・小林平八郎らも眠る。

豊島区巣鴨5-35-33　「新庚申塚停留場」徒歩9分　境内自由

2015(平成27)年に屋根瓦が葺き替えられた本堂

明暦の大火(振袖火事)で知られる本妙寺

〝振袖火事〟で知られる本妙寺

慈眼寺のすぐそばにある法華宗の本妙寺は山号を「徳栄山」と称し、これは徳川家が栄えるように、との意味を込めてつけられたものだという。戦国時代の１５７１(元亀２)年、織田信長が比叡山を焼き討ちした年に駿河の国(現在の静岡県)に創建された。

徳川家譜代の重臣に外護された本妙寺は、１５９０(天正18)年、家康の江戸入りに合わせ、江戸に移った。当初は江戸城清水御門内にあったが、その後飯田町・牛込御門内・小石川と場所を替え、１６３６(寛永13)年、久世広宣の尽力により本郷丸山に５千余坪の替地を受けて移転した。

本郷丸山に移って21年後の１６５７(明暦３)年、振袖火事の火元として本堂・庫裡・宝物などすべてを焼失。再建されて本郷にあったが、１９１０(明治43)年、本郷から現在地へ移転した。現在も文京区本郷５丁目付近に「本妙寺坂」という地名が残されている。

巣鴨へ移ってからは、１９２３(大正12)年９月の関東大震災で被災。１９４５(昭和20年)の空襲では鐘楼と山門の一部を残して全焼したが、歴代住職と檀信徒の尽力で本堂・客殿・庫裡の再興がなされ、２０１５(平成27)年に本堂屋根瓦吹き替えと山門の建て替えが行われ、現在に至る。

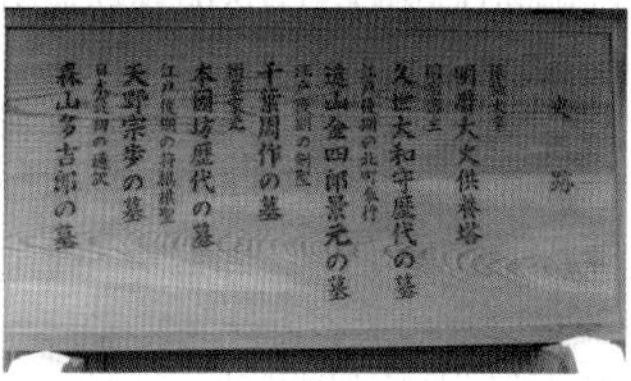

江戸の6割余りを焼き尽くし、死者10万人を出した「明暦の大火」の供養塔

明暦の大火というのは、1657(明暦3)年1月18日未刻(午後2時頃)に出火し、折からの強風にあおられ、江戸城本丸・二の丸をはじめ、江戸市中の6割余りを焼き尽くし、死者約10万人を出した大火のことだ。

火元となったのが本妙寺で、原因は、住職が檀家の因縁深い娘の供養のために燎火に投じた振袖が舞い上がって本堂に飛び火、燃え広がったものとされ、俗に「振袖火事」と言われている。しかし、本妙寺が火元であるというには不審な点が多く、「本妙寺火元引き受け説」も語られている。

この大火後、江戸の町は市街地が整備され、大名屋敷、藩邸、寺社は近郊へ移転させるなど、画期的な都市改造が行われ、今日の東京の町並みの原型ができた。

北辰一刀流の剣豪・千葉周作の墓

囲碁家元・本因坊歴代の墓

名奉行 遠山景元(遠山の金さん)の墓

移転させられた寺が多くある中、火元と言われた本妙寺は本郷丸山を動かず、罰も受けずに復興し、1667(寛文7)年には、幕府から日蓮聖人門下勝劣派の触頭に任じられている。

墓地には、明暦の大火(振袖火事)の供養塔のほか、北町奉

春うららかな４月、ソメイヨシノの葉桜が咲いている染井霊園

行遠山景元（刺青判官、遠山の金さん）、北辰一刀流の剣豪千葉周作、囲碁家元・本因坊歴代、天野宗歩、久世大和守などの墓がある。

豊島区巣鴨5－35－6「新庚申塚停留場」徒歩9分　JR巣鴨駅徒歩10分

明治期の文人の墓が多い
染井霊園

「染井」は、ソメイヨシノ発祥とされるが、江戸時代、この辺りの染井村には植木屋が多く、幕末の頃、桜の品種改良をして「吉野桜」として売り出したのが「ソメイヨシノ」として広まったと言われる。ほぼ平坦な地の霊園の中にも桜の古木が点在。歴史を感じさせる墓地だ。霊園の西側には本妙寺や慈眼寺などの寺があり、広大な岩崎家の墓所に隣接。付近には幹線道路がないことから静寂な地となっている。

染井霊園は都営霊園で、この霊園がつくられたいきさつとしては、明治政府が神仏分離政策を行い、これによって神式の葬祭が増加。しかし、神社には埋葬場所がなく、キリスト教会も墓地を所有せずで、神葬者の墓地が急務となったからだという。そこで、１８７２（明治5）年、播州林田藩建部邸の跡地に、僧侶山田文應らによって神式墓地としてつくられたのが染井墓地だった。現在でも、神式やキリスト教の墓地、外国人墓地を多く見ることができる。１８７４（明治7）年に当時の東京府が引き継ぎ、神式

染井霊園にある二葉亭四迷の墓

以外でも埋葬できる公営の墓地となった。

当初は染井墓地として開設されたが、1889（明治22）年に東京市に移管され、1935（昭和10）年5月には、名称を「染井霊園」と改め、現在に至っている。

都立霊園ではもっとも規模が小さく（面積は約7ヘクタール）が、墓碑数は約5500もあり、二葉亭四迷・山田美妙・高安月郊・岡倉天心・高村光太郎など明治期の著名な文人の墓が多い。園内には100本以上のソメイヨシノが植えられ、春には花見がてらに散歩を楽しむ人も多い。

豊島区駒込5－5－1「新庚申塚停留場」徒歩12分

染井霊園の桜の花筏

桜が咲く春の染井霊園

SA 21

庚申塚

庚申塚停留所場は、〝おばあちゃんの原宿〟で有名になった、巣鴨地蔵通り商店街の北の玄関口に当たる。踏切のところから地蔵通りに入ると、最初の四つ角の左側に庚申塚と猿田彦大神がある。

商店街は、おばあちゃんの原宿と言われるだけあって、年配の女性たちが元気よく行き来している。特に「4」が付く縁日の日は人出が多い。商店街の店頭に並ぶのは、モンペ風パンツやメガネ、布製のリュックなど、高齢者が好むものばかりだ。縁起物と言われる赤いパンツ専用の店もある。

いずれにせよ、年配の女性たちが目指すのは、とげ抜き地蔵のある高岩寺だ。

三ノ輪行きのホームで降りたら、目の前が「いっぷく亭」

電車を降りたら目の前がお店です！甘味処「いっぷく亭」

毎日作りたてのおはぎを提供している「いっぷく亭」は、親子3代にわたって伝統の味を守り続けている甘味処だ。都電荒川線三ノ輪橋行きホームの続きに店がある特殊な環境だが、中に一歩入ると、「ただいまぁ」とでも言いたくなるようなアットホームな感じで、ホッと落ち着ける。

味も店の雰囲気も「まず、自分が満足できなければ…」と、厳しい目でプロディースしている3代目の神宮隆久さん（43歳）は、「引き継いで6年経ちますが、毎日が勉強です！」と、常に意欲的。

看板は手作りのおはぎ（セットで495円）。北海道産の小豆をほうじ

いっぷく亭３代目店主・神宮隆久さんとおはぎづくりの名人であるお母さん

いっぷく亭の店内からは次々と停まる都電がよく見える。

ご自慢のおはぎと焼きそばの「こだわりセット」が一番の人気

茶で煮る、という初代が考えた独自の製法を守り、甘すぎない！しかもあったかくて美味しい！と評判。ところ天や寒天はすべていっぷく亭オリジナルの抹茶風味で、セットメニューも豊富にそろえている。また、2代目が始めた焼きそばを隆久さんが試行錯誤して独自のレシピで提供。自慢のおはぎと一緒の「こだわりセット」990円がこの店では一番の人気だ。組み合わせのおはぎは、あずき、抹茶、白あん、きなこ、黒ごまの5種類から好きな味が選べる。持ち帰り限定5色こはぎは885円。

「場所柄、年配のお客さまが多いので、冬だったら『きょうは寒いね、風が冷たくない？』とか、お声をかけて、コミュニケーションを取るのも大事だと思ってます」と隆久さん。

食べる物だけを提供するのでなく、「いらっしゃいませ」から「ありがとうございました」までのすべてに気を配り、一度店に来た客がまた来店してくれるのを楽しみにしている。「最低満足、目標は大満足させたい」とか。

内装も、暖簾を春はピンク、夏は水色などに変えて季節感を演出。照明もLDEで明るくした。とにかく、清潔感を大切にし、店名通り、気持ちよく「いっぷくできる場所」であり続けたいという。

豊島区西巣鴨2－32－10　03－3949－4574

10時～18時 無休（臨時休業あり）

巣鴨庚申堂には猿田彦大神が合祀されている。

豊島区の登録文化財「庚申塚」が納められている巣鴨庚申塚

江戸名所図会にも描かれた巣鴨庚申塚

庚申は、「人間の体内に棲むサンシという虫は、庚申の夜、天上に昇り、天帝にその人間の罪過を報告する。天帝はこれに基づいて、その人の吉凶禍福はもとより、生死をも左右する。それでは困るので、庚申の夜は眠らない」という風習から生まれたもの。そして、庚申を立てた小丘が庚申塚だ。庚申の申ということで、猿田彦が登場し、道祖神の祖型と言われるようになった。巣鴨の庚申塚もその一つとされ、庚申堂には猿田彦大神を合祀している。猿田彦大神は日本神話に登場する神様でもあり、天孫降臨の際に道案内をしたということから、道の神、旅人の神とされ、道祖神と同一視された。

山門をくぐると、笑みを浮かべた神猿が出迎えてくれる。こじんまりした境内には、絶え間なく参詣者が訪れている。本堂には、1657（明暦3）年に再建された庚申塔が納められており、これは豊島区の登録文化財になっている。また、「江戸の名所」碑や榎本留吉顕彰碑もある。

「江戸の名所」碑は、巣鴨の庚申塚は、江戸時代から近郷近在に聞こえた名所で、江戸と板橋宿を行き交う旅人たちで賑わい、その様子が江戸名所図会に描かれた、ということが記されている。

“おばあちゃんの原宿”でも有名な「巣鴨地蔵通商店街」

江戸名所図会4巻に描かれている巣鴨庚申塚(長谷川雪旦画)

顕彰碑に記される榎本留吉氏は、巣鴨で幕末から続く種苗問屋の店主だった人物。明治から昭和初期にかけて、旧中山道には種子問屋が集中し「種子屋通り」と呼ばれたが、その元祖の一人、榎本重左衛門氏から分家した血筋が榎本留吉氏だそうだ。

豊島区巣鴨4－35－1「庚申塚停留場」徒歩1分

“おばあちゃんの原宿”と言われる巣鴨地蔵通商店街

巣鴨地蔵通りは、旧中山道で、江戸の中期から現在に至るまで、商業や信仰の場として栄えてきた。中山道の出発点は日本橋で、最初の休憩する場所が巣鴨近辺。休憩所は江戸六地蔵の眞性寺から巣鴨庚申塚の間に点在していたという。それが発展して町並みになっていったようだ。

そして1891(明治24)年、とげ抜き地蔵尊の高岩寺が上野から巣鴨へ移転。もともとあった江戸六地蔵尊とお地蔵さまは2つになり、これに巣鴨庚申塚が加わって、商業と信仰の街として繁栄するようになった。毎月、4・14・24日と、「4」のつく日の縁日には、さまざまな露店がズラリと並ぶ。これらの店はひと味違った工夫をしており、値段が安いのも魅力。ブラブラ見て歩くだけでも楽しめる。お寺があり、個性的な個人商店や露店があり、の巣鴨地蔵通りは、テレビや雑誌などで広く紹介され、全国的に知ら

巣鴨地蔵通り商店街沿いにあるとげ抜き地蔵・高岩寺

アンチエイジングで人気の赤パンツの店

れるようになった。しかも、商店街の途中には、病や心のトゲを抜くという、高岩寺のとげ抜き地蔵があるので、いまや全国から参詣者がやって来る。

商店街は全長780メートルあり、約200軒ほどの店舗が軒を連ねている。この商店街の特徴は、生鮮が中心の生活密着型ではなく、話題性を重視した観光客向けの店が多いことだ。中でも、塩大福・地蔵煎餅・もなか。大学いも・金太郎飴などの和菓子系が目立つ。甘味処の店も多彩だ。

有名なのが、「赤パンツ」を最初に売り出したマルジ。赤い肌着はアンチエイジング効果があるとかで、あまりの人気に、最近では赤パンツ専門店まで出店している。また、高岩寺横の、カレーうどんの店「古奈屋」は、昼時には行列ができるほどだ。

とげぬき地蔵で知られる高岩寺

曹洞宗萬頂山高岩寺は江戸開幕前の1596(慶長元)年、釈迦牟尼仏を本尊として、現在の千代田区外神田・湯島神田明神の隣地に創建された。1657(明暦3)年の大火で全焼し、現在のJR上野駅前・下谷屏風坂に移転した。とげぬき地蔵尊の入仏はこの時代である。そして、1891(明治24)年、区画整理によって現在地の巣鴨、北豊島郡巣鴨町に再度移転した。高岩寺が「とげぬき地蔵」を祀る寺として信仰を集めるようになっ

洗い観音前には休日や縁日の混雑時のために行列用の柵が設けられている。

巣鴨のパワースポットとして知られる高岩寺の本堂

たのは、以下のふたつの霊験が端緒である。

１７１３（正徳３）年、江戸小石川に住む髙岩寺の檀徒・田付又四郎の妻が出産後に重い病気に罹った。又四郎が、妻が日頃から熱心に信仰している地蔵尊に、病気平癒の祈願を続けたところ、ある晩の夢枕に僧が現れ、又四郎に「私の姿を一寸三分に彫刻して川に浮かべよ」と言う。又四郎が「すぐには出来ない」と答えると、「では印像を与えよう」と言う。目を覚ますと、枕元に地蔵菩薩の尊影が現れた小さな「霊印」があった。そこで又四郎は、この霊印を印肉にしめし、宝号を唱えながら、紙片に一万体の「御影」をつくり、両国橋から隅田川に浮かべ、家に帰った。すると翌朝、病床の妻が「今、枕元に死魔が現れたが、お坊さんが杖で外に突き出すのを見ました」と又四郎に告げた。以後、重かった妻の病は快方に向かい、無病になった。

この霊験を聞き、又四郎から地蔵菩薩の「御影」を授かった西順という僧も不思議な体験をする。ある日、毛利家の屋敷で、誤って針を飲み込んで苦しんでいた女中に、居合わせた西順が懐中から「御影」を取り出し水で飲ませたところ、誤飲した針が、「御影」を貫いて口から出てきたという。以上は又四郎が１７２８（享保13）年に自ら記し、霊印とともに髙岩寺に献納した霊験記の抄録である。

髙岩寺では、この霊印を「本尊」として、本堂・地蔵殿に祀り、霊験あ

1615(元和元)年に中興された古刹「眞性寺」。参道の奥に江戸六地蔵尊が見える。

高岩寺の洗い観音は、自分の体の悪い部分と同じところに水をかけたり、こすったりすると、その悪い部分が治ると言われている。

らたかな「御影」(おみかげ・おすがた)を参拝者に授与している。「御影」は本尊延命地蔵菩薩そのものであり、御守として携帯し、あるいは痛いところ、良くなって欲しいところに貼ってもご利益があるとされている。いつしか「針ぬき」は「とげぬき」となり、針のみならず、悩みや苦しみ、病気やケガなど、さまざまな「とげ」をぬく地蔵菩薩として知られるようになった。

本堂の脇には、明暦の大火で妻を亡くした檀徒が寄進した、小さな聖観音の石像がある。自分の身体の具合の悪い部分と同じところに水をかけて洗い清めると、たちまち良くなると信じられ、いつしか「洗い観音」と呼ばれるようになった。とげぬき地蔵とともに信仰を集め、縁日には順番待ちの長い行列ができる。

豊島区巣鴨3−35−2「庚申塚停留場」徒歩7分

中山道の旅人を見守ってきた江戸六地蔵尊を祀る古刹「眞性寺」

1615(元和元)年に中興された古刹で、本堂の前には、編み笠をかぶった大きな地蔵尊が鎮座している。右手には錫杖、左手には宝珠を持っている。

この地蔵は、「江戸六地蔵尊」と呼び、当時、深川に住む地蔵坊正元が江戸に出入りする旅人の無事を祈願するために寄附を募って、江戸の主

本堂の前には、編み笠をかぶった大きな地蔵尊（江戸六地蔵尊）が鎮座している。

な街道口6か所に造立した6体の中の一体。中山道の入口に当たる巣鴨に4番目として作られた唐銅製の座像で、完成したのは1714（正徳4）年9月。その他の江戸六地蔵尊というのは、東海道の尊像として品川寺（一番）、奥州街道沿い東禅寺（二番）、甲州街道沿いの江戸三大閻魔寺の太宗寺（三番）、水戸街道沿いの霊巌寺（五番）、廃寺となって消滅した千葉街道沿いの永代寺（六番）だ。

眞性寺の境内に提示されている縁起によると、発願主の地蔵坊正元は、若い頃に大病を患い、両親が地蔵菩薩に一心に祈願を込められている姿を見ていた。そして、自らも「御利益が得られたならば、世の中の人々に地蔵菩薩の御利益を勧め、多くの尊像を造立して人々に帰依することを勧めたい」と地蔵菩薩に誓う。すると不思議な霊験があり、無事難病が治った。そこで正元は誓い通り、1706（宝永3）年から14年間をかけ、地蔵菩薩像を江戸の出入り口にある六か寺に造立したという。

眞性寺では、毎年6月24日に「江戸六地蔵尊百萬遍大念珠供養」が行われる。これは災い回避祈願の供養で、全長16メートル、541個の桜材の珠からなる大念珠を大勢で廻しながら江戸六地蔵尊の供養を行う。子ども用の大念珠もあり、参加者は鉦が叩かれる中、念仏を唱えながら大数珠を順々に手で回し、災いを免れるようにと願をかける。

豊島区巣鴨3−21−21　「庚申塚停留場」徒歩8分　境内自由

庚申塚で旧中山道の踏切を渡る早稲田行きの電車

専用軌道の多い荒川線には味のある小さな踏切が多い。ＪＲ線や私鉄線の踏切と違って、軌道線の踏切は至って開放的で親しみやすい。庚申塚の踏切は旧中山道が通るためのもので、右側はすぐ「地蔵通り商店街」に続いている。つまり巣鴨駅前から始まる「とげぬき地蔵」の高岩寺への門前町の西の入口となっている。停車中の電車は青山車庫から転じてきた中の１両。都電のスタンダード6000形が１両も走っていなかった荒川線のサービス向上に寄与していた。◎庚申塚　撮影年月日不詳　撮影：荻原二郎

庚申塚
自転車
子供乗物
大野商店
庚申塚
6161

SA 22

巣鴨新田

古くは洲鴨、須賀茂、須賀母、菅面、洲處面などと書かれたそうだが、徳川八代将軍・吉宗公により「巣鴨」に統一されたという。

巣鴨は、江戸中期から明治にかけて、同じ近郊農村の駒込とともに花卉と植木の生産地だった。当時の絵図や浮世絵などにその様子が描かれている。中山道沿いには富士山・白象・舟など、形造りの菊が並び、それを見る人々で賑わったそうだ。また、江戸近郊の巣鴨に植木屋が繁栄したのは、三百諸侯といわれる大名が屋敷内に競って庭園を造営したからだとも言われる。

停留場の「巣鴨新田」は、北大塚二丁目と巣鴨一丁目の境にあり、ちょうど巣鴨の南端に当たる。新田とは文字通り新しく開かれた田のことで、その多くは村外れなどで開かれているので、位置的には地名と無縁ではない。

江戸時代、中山道の巣鴨や染井通り周辺は植木屋が軒を重ねていた。浮世絵でも当時、流行った「菊見」などが描かれている。(江戸名所図会・染井・歌川広重)提供：豊島区郷土資料館

現在の東京電力大塚支社が建つ場所に、かつて王子電車の本社があった。

王子電気軌道は、1911(明治44)年8月20日、第一期線として、大塚〜飛鳥山間2・454キロを大塚線として営業を開始した。この時の車両はオープンデッキ式木造単車1形で、6両が新造された。開業を記念して王子電気軌道が作成した絵葉書には巣鴨新田発電所脇を走行する王電が写っている。

王電本社構内の鳥瞰図（昭和初期）。本社番地から、戦後建てられた東電大塚支社の位置と重なる。

王電本社の建物は、大正12年４月完成、鉄筋コンクリート陸屋根３階建て

王子電気軌道が北豊島郡巣鴨村新田に出張所を設けたのは1912（明治45・大正元）年5月だが、その後、地名が豊島区西巣鴨町新田と変わり、1923（大正12）年4月4日にいまの東京電力大塚支社の場所に本社が新築された。

現在、その痕跡は何も残っていないが、王電の本社跡（車庫・変電所は線路を挟んだ反対側にあった）に東電があるのは、意味がないわけではない。昭和17年、太平洋戦争中の交通統制で王子電車は東京市に買収され、電気事業は関東配電に譲渡されたが、この配電会社が戦後の電気事業の基礎となり、東京電力などが誕生したからだ。王子電気軌道の不動産の一部も、関東配電、さらに東京電力に引き継がれている。

3つの石碑が歴史を物語る宮仲公園

小石川西巣鴨線（都道436号）の北大塚三丁目交差点脇にある宮仲公園は、こぢんまりとした公園だが、周辺の歴史を証明するような石碑が3つもあり、大変興味深い。

まず、そのひとつが公園の片隅にある「宮仲公園の由来」を示す記念碑だ。それによると、宮仲公園は、1938（昭和13）年、当時豊島区に住んでいた渋沢栄一の三男、渋沢正雄氏が東京市に200余坪を寄付。それに伴い、

大谷大学開学の碑

地域のメモリアルを残している「宮仲公園」

現在の東京電力大塚支社

当時の東京市が児童公園にした。

公園が開設されたのは1941（昭和16）年で、その後、2009（平成21）年にリニューアルされている。周囲が道路に接しており、明るく開放的な雰囲気だが、広場の周りには背の高い樹木が植えられており、木陰のベンチでゆっくり休憩できる。

また、二つ目は「大谷大学開学の碑」。これはどういうことかというと、公園がある場所の近くには、1901年（明治34）年から1911年（明治44）年の10年間、東本願寺の学寮の流れを汲む真宗大学（大谷大学の前身）があった、という記念碑だ。そして、大学が京都に移った跡地を、製鉄事業などで活躍していた実業家の渋沢正男氏が屋敷用地として手に入れ、その一部が寄付されたようだ。1956年（昭和31年）発行の豊島区の地図には、現在の宮仲公園がある場所から200メートルほど離れたところに「渋沢邸」と書かれた区画が存在している。

三つ目の碑は、なんとも異色な「皇后宮御歌」の碑。これは1943（昭和18）年5月、豊島授産場付近で防空訓練が行なわれた際、皇后が視察して歌を詠んだというもの。他には特に目立った施設もない小さな公園だが、地域のメモリアルとして大切にされている。

王子駅前、飛鳥山付近（大正10年）

大塚側の王子電気軌道は1915（大正４）年、飛鳥山から王子駅前まで延伸している。一方、三ノ輪側の路線は栄町までで、王子駅前付近には延びていなかった。この飛鳥山停留場には、西ヶ原方面から東京市電の路線が来ていたこともわかる。この時期、飛鳥山には渋沢栄一が開いた渋沢家の邸宅があり、その西側には大蔵省の醸造試験所があった。跡地は現在、公園になっている。

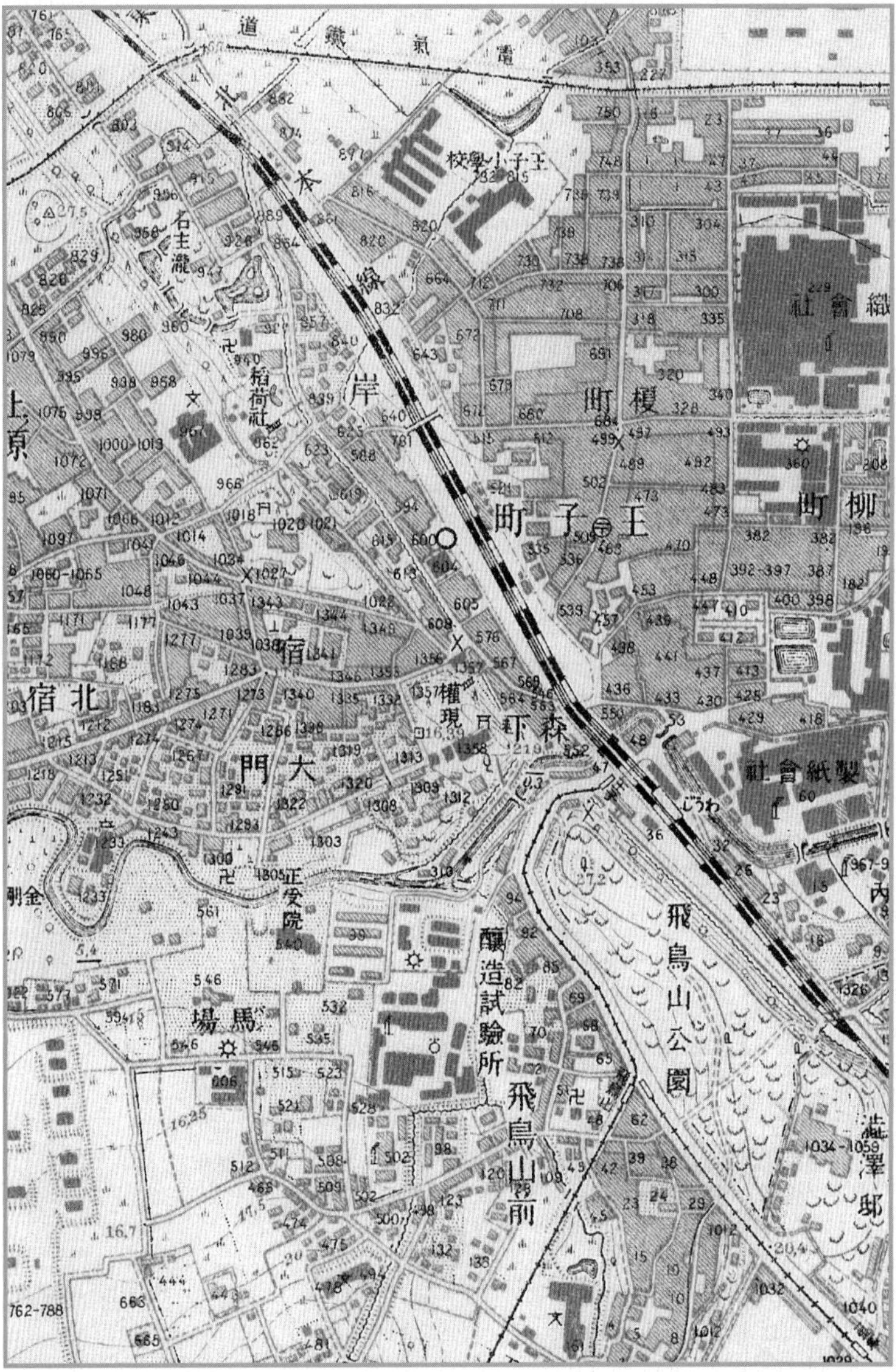

帝国陸軍参謀本部陸地測量部発行「1/10000地形図」

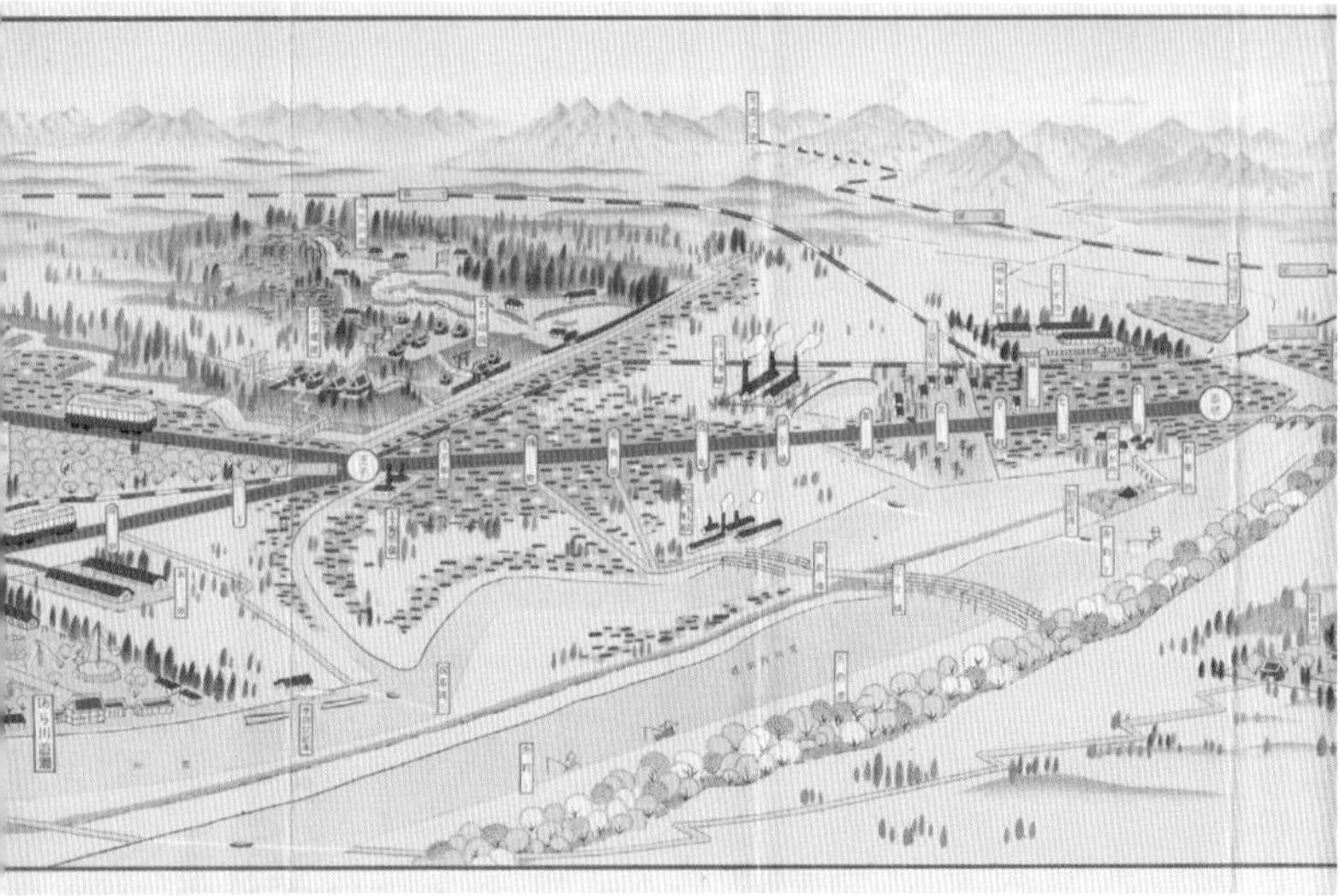

行楽は王電に乗って行こう!

王子電車沿線図絵 1927(昭和2)年 王子電気軌道株式会社発行

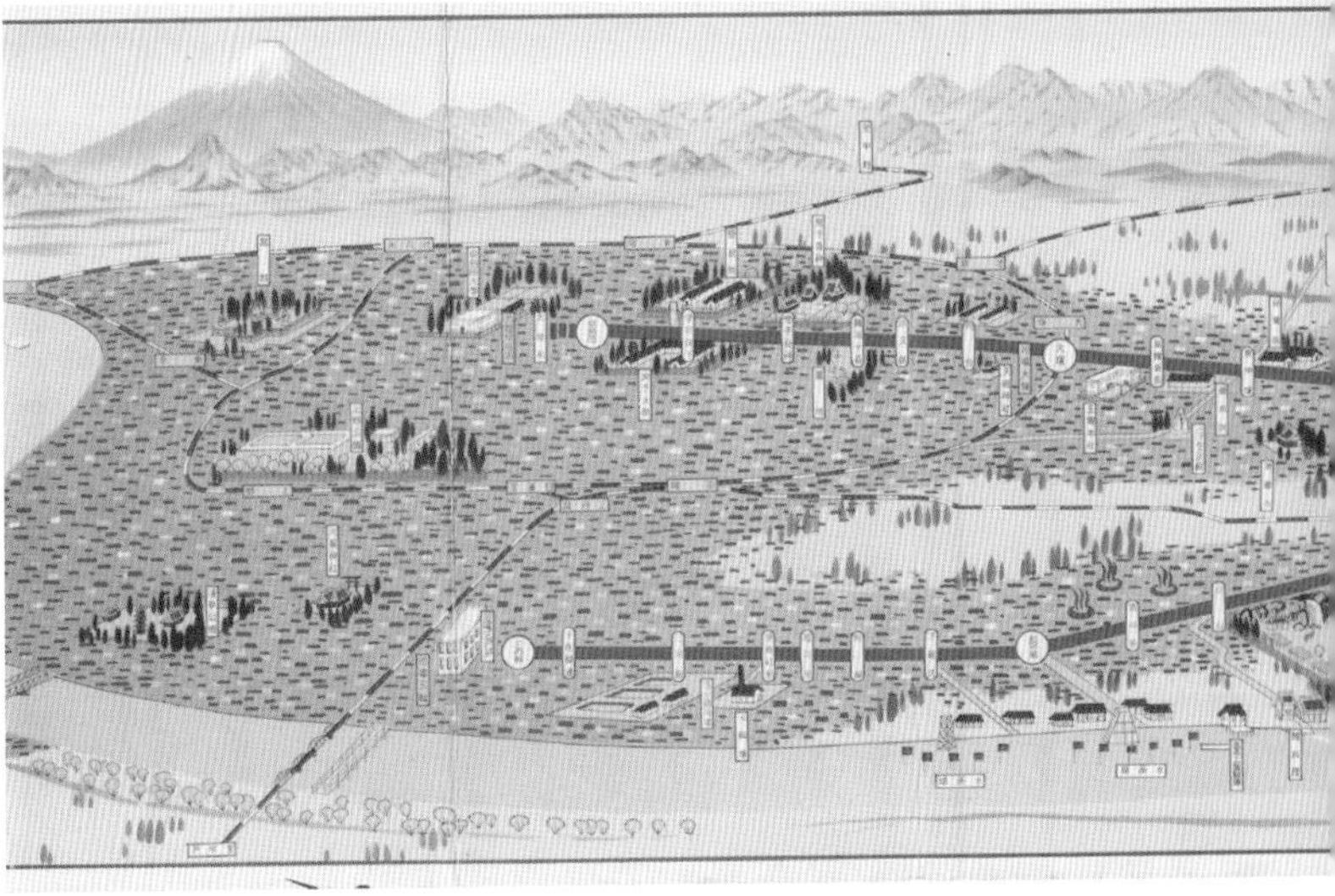

都電荒川線の前身は、明治時代に開通した王子電気軌道（王電）だった。王電は、ふだんは沿線に住む人たちの通勤通学の電車として利用されたが、飛鳥山の花見の時期などには、大勢の行楽客を運んでいる。1927（昭和２）年 王子電気軌道株式会社発行の王子電車沿線図絵を見ても、名主の滝や飛鳥山などの行楽地が大きく描かれ、王電が観光路線であったことは一目瞭然だ。飛鳥山だけでなく、王子稲荷神社、料亭が並ぶ石神井川周辺もこの頃の人々にとっては格好の行楽地だったようだ。

SA 23 大塚駅前

山手線の高架下にある大塚駅前停留場は、JR大塚駅（山手線）の接続駅で、雨の日も乗り換えがスムーズだ。駅前広場も南口、北口ともに整備が終わり、さらに印象のよい街になった、何より大塚駅周辺はバラが多く植えられており、華やかなことでも有名だ。

もともとある南口の「サンモール大塚商店街」「南大塚商店街」、北口の「大塚銀の鈴商店街」に加え、2014（平成26）年には駅の南東方向に「大塚三業通り商店街」が発足。ますます賑やかになった。戦前は池袋の賑わいを圧倒していたが、それは〝三業地〟と言われた大塚の花柳界が元気だったからだ。今後は、地元と豊島区が連携して大塚駅周辺の活性化に取り組んでいくとのことなので、さらに盛り上がりを見せるはずだ。

都電とバラ。この写真はコンテストで最優秀賞を受賞した丹羽由美子さんの作品。

バラで沿線をきれいにする！ 南大塚都電沿線協議会

大塚駅前に華やかなバラを咲かせている会が「南大塚都電沿線協議会」とちょっとカタい感じの名前が付いたのにはわけがある。会長の小山健さんが言う。「もともと沿線にバラの花を植えるのは二次的なことで、最初は、汚かった沿線をきれいにしよう！と立ち上がったのです」。

この会は、悪化が危惧されていた都電荒川線沿線の治安や景観を改善し

大塚駅前で行われるバラの即売会は毎回大賑わい！まとめて買って行く人も多い。

駅前公園のTRAM パル大塚では人々がバラに囲まれてそれぞれにくつろいでいる。

ようと、2008（平成20）年に発足したという。現在は、会員が中心となり、ボランティアの人たちと一緒に、大塚駅前停留場から向原停留場までの軌道沿線を整備し、緑地帯にはバラや下草の草花を植える活動をしている。これにより2009（平成21）年より、「都電とバラ」という新たな名所を生み出した。

そして毎年5月と10月には沿線のバラが競って咲き、「バラまつり」や「フォトコンテスト」などのイベントも多彩だ。特に、南口に完成した「TRAMパル大塚」駅前広場は、バラの広場・バラロードの中心。さまざまな催しが開催される。これにより地域の交流もいっそう活発化している。

「当初は100本のバラからスタートしましたが、現在は沿線1400メートルに700種1190株のバラが咲き、美しいバラの散歩道・バラロードも完成しました」と笑顔で語る小山会長。

「さらに、きれいで安全な街『大塚』をもっと素敵な街にしたい」と、ボランティア活動を進め、月1回の定例作業も怠らない。この作業には、子どもから高齢者までが一緒に参加。楽しくコミュニケーションを図っている。

地域から得る生ゴミをEM菌などを利用して肥料&培養土に変えるバイオ技術を採用して、無農薬で栽培するなど、きめ細かい配慮も「南大塚

石段を上がって鳥居をくぐると正面が大塚天祖神社の本堂

ボランティア活動と言えどもみんなバラの手入れに真剣そのもの。隅々まで見て廻る。

都電沿線協議会」らしい。

これらの活動は、各方面で認められ、2010(平成22)年10月には「第20回全国花のまちづくりコンクール」で「花のまちづくり優秀賞」を受賞。また2015年には「花のまちづくり大賞」の最高賞である「大臣賞」に輝き、2019年には「みどりの愛護感謝状」と「緑の都市賞 都市緑化機構会長賞」を授与されている。

巣鴨村の総鎮守だった大塚天祖神社

都電の線路を越えたところに「サンモール大塚」というアーケードがあるが、この商店街はいわば神社の参道になっている。

大塚天祖神社は、巣鴨村の総鎮守だった。ひと口に巣鴨村と言っても、その範囲は広く、現在の巣鴨・西巣鴨・北大塚・南大塚・東池袋2~5丁目・上池袋1丁目と、豊島区のほぼ半分だ。

鎌倉時代末の元亨年間(1321~1324)に、領主の豊島氏が伊勢神宮より分霊を勧請して創建したと言われている。現在の祭神は天照皇大御神のみだが、江戸時代に鬼子母神の娘とされる十羅刹女堂も境内に祀られていた。明治6年に天祖神社と名前が変わるまでは、神明社・神明宮と呼ばれていた。

ファンには懐かしい6000形の電車が展示されている南大塚公園

祭神・天照皇大御神を祀る大塚天祖神社の本殿

石段を上がって鳥居をくぐると正面が本堂だ。獅子の口から水が出ているめずらしい手水舎がある。境内の「夫婦銀杏」と呼ばれる銀杏の木や、授乳中の姿をした子育て狛犬などが有名だ。

本堂の左手一帯に墓地が広がっているが、甲冑姿の武士の像を彫った碑が目に付く。碑の裏に刻まれた文字は判読できないが、これは遅塚九二八という武士が、「すわ鎌倉」という時のために食べ物を倹約して甲冑を買い整えた、という言い伝えがあるもの。その心がけを子孫に伝えるために建てられた碑だという。

境内社は、熊野社・菅原社・厳島社・稲荷社・榛名社・三峯社が並ぶ。祭礼は、9月の例大祭、6月の夏越の大祓、7月の町の灯り祈願祭などが知られている。都電巡り4社の1社でもある。

豊島区南大塚3－49－1「大塚駅前停留場」徒歩3分
03－3983－2322 境内自由 御朱印受付9時～17時

都電6000形が公園のシンボルに
南大塚公園

都電ファンには懐かしい6000形の電車が展示されている「南大塚公園」。区画整理事業により生まれた公園で、1967（昭和42）年5月の開園以来、地域の人たちの憩いの場になっている。こんもりと茂る、ひと

日本基督教団巣鴨教会

カラフルな遊具もある遊び心いっぱいの南大塚公園

きわ鮮やかな緑の木立ちは、住宅地のオアシス的存在だ。春にはソメイヨシノ、秋には鮮やかに色づいたイチョウの木が人々の目を楽しませている。1991（平成3）年度に再整備され、より明るい公園に生まれ変わった。
園内は、細長い植え込みを境に東西に分けられており、東側は、子どもたちが自由に駆け回ることができるダスト敷きの広場。一段高くなった西側は、砂場、ブランコ、すべり台、コンビネーション遊具がある。何よりここには　都電の黄色い車両がこの公園のシンボルとして据えられている。
かつて都民の足となって活躍、人気があった車両（6162号）で、「これをぜひ残したい」という地元住民の要望により、1971（昭和46）年に設置された。いまでは都電を知らない子どもたちにも親しまれている。
豊島区南大塚2－27－1「大塚駅前停留場」徒歩5分

敷地の一角に作曲家山田耕筰の碑が…巣鴨教会

都心とは思えない閑静な住宅地の一隅に建つ巣鴨教会。そのルーツは、明治期にアメリカから派遣された長老派の宣教師たちが築地で始めた教会だという。この築地で育った最初の世代の牧師・田村直臣牧師が、1876（大正7）年4月に巣鴨に移転。巣鴨教会を設立した。

敷地の一角にある「山田耕筰碑」

田村直臣牧師は、教育にも熱心で、苦学生を援助する「自営館」を運営した。また、教会附属幼稚園の先駆ともいえる、大正幼稚園も創設している。この自営館で少年時代を過した作曲家・山田耕作は、当時の思いを詩人の北原白秋に語り、後に生まれた童謡が「からたちの花」だ。その碑が敷地の一角にある。

教会では、礼拝を中心として聖書研究会や、祈祷会を開いているが、近隣合唱団の練習会場として開放するなど、地域の人たちに有意義な教会の利用を推奨。音楽会も開いている・

豊島区南大塚1－13－8「大塚駅前停留場」徒歩8分

大塚駅前で山手線の下をくぐる荒川線

荒川線の要衝の１つで、国鉄山手線、都電⑯系統（大塚駅前～錦糸町駅前）の乗換え駅として賑わってきた。折返し便もあって路上の線路にそのポイントが見える。高架橋の上は山手線のホームのほか、山手貨物線の線路が通っており、現在は貨物線を「湘南新宿ライン」の電車が疾走している。◎大塚駅前　1971（昭和46）年３月17日　撮影：荻原二郎

Lion
大塚駅前
7508
32

SA 24

向原

かつて東池袋四丁目と向原に至る西側は、旧巣鴨監獄の赤煉瓦塀がそびえていたところで、中川一政の「監獄の横」と題する十号の絵は、この辺りの光景を描いたものだという。また、第二次大戦後までは乳牛を飼育する牧場もあった場所で、巣鴨教会近くの東福寺の門前には伝染病で死んだ乳牛を供養する「疫牛供養塔」が建てられている。停留場前には、春日通りが東西に延びているが、その春日通りを西に行くと、時習小学校跡地に帝京平成大学の池袋キャンパスが建ち、そばに子育て地蔵の地蔵の小祠がある。これは巣鴨・眞性寺にある江戸六地蔵の分身と言われる。現在は、ビルと住宅が混在する向原停留場周辺だが、街の歴史はまだ息づいている。

「SINCE1951」の文字が目を引く大松ベーカリーの外観

親子3代続く常連客が多い大松ベーカリー

向原停留場から旧癌研通り、空蝉橋に通ずる道を少し入った左側にあるのが、創業70年以上の歴史を誇る、地域密着型の人気パン店「大松ベーカリー」。店の外に「ＳＩＮＣＥ１９５１」と掲げた看板が誇らしげだ。親子3代で大松ベーカリーに通う常連客も多く、「子どもの時からこのパンが好き！」「昔のメニューをまたつくって！」など、生の声でのリクエストが、この店の励みになっている。また、常連客たちの要望により、朝5時から店を開けることになったという。メニューも随時１２０種以上。

もっちり、しっとりで美味しい！とすぐ売り切れるぶどう食パン

出来たてホヤホヤの香ばしいピザパンも登場！

常連客の要望で朝の５時から開いている大松ベーカリー店内

日替わりメニューも多彩に用意している。

店は梶原威男さんと西郷剛さんの共同経営で、４年前に前経営者からそのままの形で譲り受けた。もともとイタリア料理をやっていた西郷さんは、「今後は、昔からある味を守りつつ、新しいことにも挑戦していきたい」と意欲を見せる。もちろん梶原さんも同じ気持ちだ。

人気メニューは、まずコッペパン。特に大型コッペパンは大人気。また、自家製のサンドイッチや惣菜パン、菓子パンもすぐに売り切れる。店で見ていると、みんな大量に買っている。毎日来店する人や、１日に２度来店する人も多いという。

「食パンももっちり、しっとりして美味しい！と喜んでもらっています。特にぶどう食パンは人気で、夕方には売り切れてしまいますね。日替わり食パンを含め、食パンは６種類随時製造しています」と、接客に忙しい西郷さんの妻・弥生さん。職人肌のご主人たちを支え、大手のチェーン店では真似出来ない、素材厳選で素朴な手作りならではのパンづくりを楽しんでいるようだ。

豊島区東池袋２－１－10「向原停留場」徒歩２分　03－3971－2429
５時～18時（金曜のみ19時まで）土・日・祝休

向原

遊具を中心にゆったりレイアウトされた大塚台公園の広場

北海道から運ばれて来たという蒸気機関車(SL)

入口からすでに蒸気機関車が見える「大塚台公園」

北海道から運ばれたSLを展示 大塚台公園

区画整理事業によって生まれた公園で、1973(昭和48)年2月にゆるい南斜面を利用してつくられた。面積は約3500平方メートル。公園の正面入口付近には、ケヤキやイチョウなどの高木が植えられ、小さな林のような雰囲気を醸し出している。また、ソメイヨシノやツツジ、アジサイなどの花木も混じり、開花期の春から夏の風景は華やいだ公園になる。一段低くなったところには滝と水のスベリ台を備えたジャブジャブ池があり、夏には子どもたちが水遊びをして賑わう。

この公園の目玉は、中央に展示された蒸気機関車(SL)だ。かつては日本全国で見られたSLだが、現在では身近で見ることはなくなったので、豊島区が1974(昭和49)年にわざわざ北海道から運んで来て設置した。当時、唯一SLが走っていた北海道でも、1976(昭和51)年にはついに廃止されており、鉄道ファンには貴重な展示品だ。そばにこのSLの詳細を記した説明板がある。

地域の人たちのために、公園をキャッチボール場としても開放(9時〜17時)している。

豊島区南大塚3-27-1 「向原停留場」徒歩3分

瀧野川、庚申塚付近（大正10年）

瀧野川（現・西ヶ原四丁目）、庚申塚停留場が見える王子電気軌道沿線の地図である。この時期に新庚申塚停留場はなく、1929（昭和４）年５月に板橋新道停留場として開業し、1930（昭和５）年３月、新庚申塚停留場となった。庚申塚付近には、東京市の保養院があり、宗教大学の校地（キャンパス）も存在した。この宗教大学は、現在の大正大学の前身のひとつである。

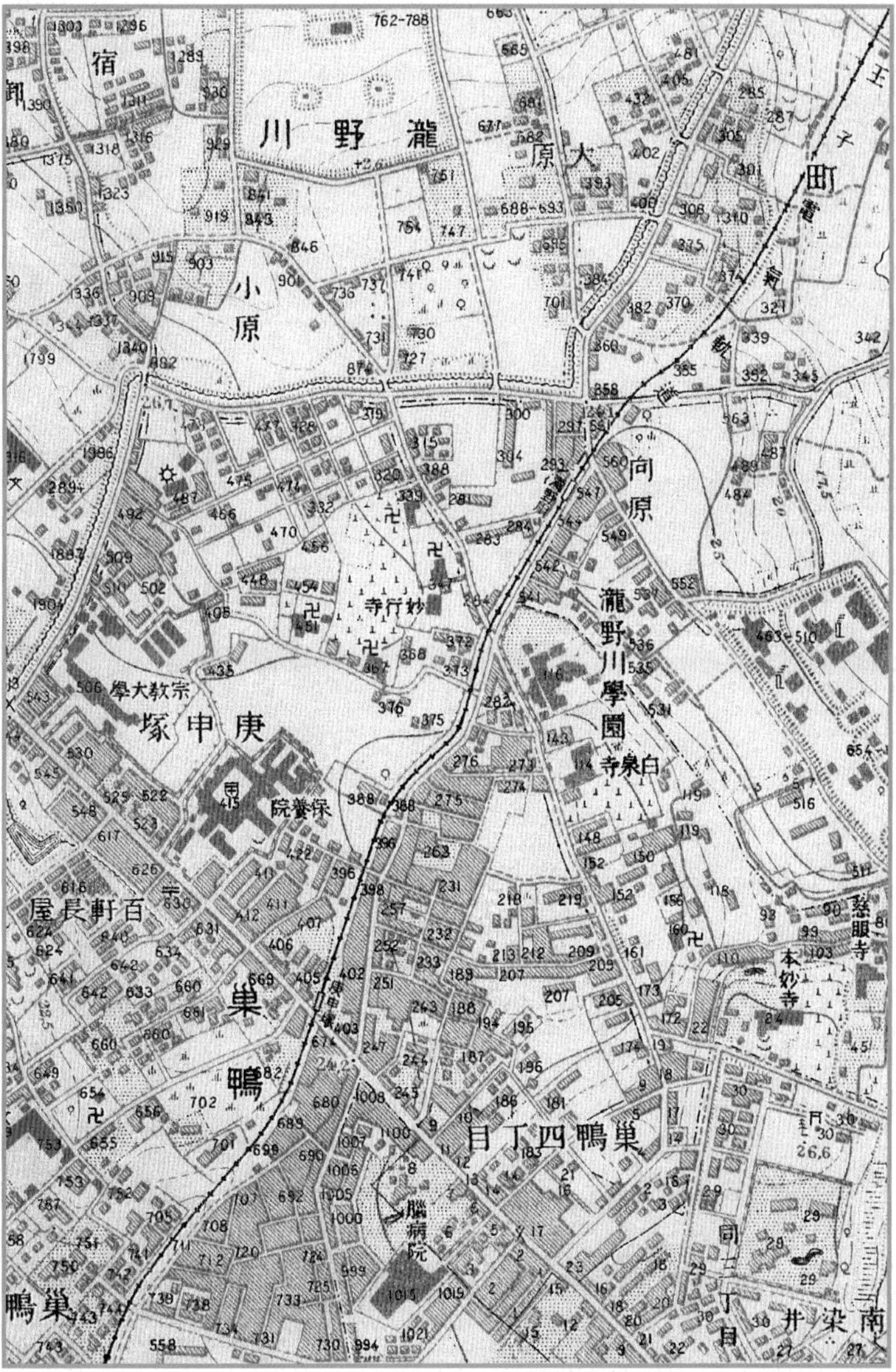

帝国陸軍参謀本部陸地測量部発行「1/10000地形図」

SA 25

東池袋四丁目

停留場の副名称が「サンシャイン前」で、東京メトロ有楽町線・東池袋駅との乗換駅でもある。三ノ輪橋行きの停留場は首都高速5号線の高架の下に設けられ、早稲田方面行きの停留場とは護国寺通りを挟んで向かい合っている。信号が青になると、チンチンを合図に動き出して道路を横断するのが、かつての路面電車時代を思い出させる。

停留場名は、王子電気軌道の開通当初は「水久保」と言ったが、昭和14年4月に「日出町二丁目」と改称された。その後、市電に統合された時には「日ノ出町二丁目」と表記が変わり、現在の「東池袋四丁目」になったのは1967(昭和42)年。地名の変遷がそのまま駅名に現れている。

日ノ出町の名は、サンシャインシティ南側の小さな公園名に残っている。停留場のそばには本教寺があり、芭蕉十哲の一人、服部嵐雪の墓や、浮世絵歌川派の始祖である歌川豊春の墓がある。

1978(昭和53)年4月に完成した「サンシャインシティ」全景

池袋のランドマーク サンシャインシティ

２０２１(令和３)年に開業43周年を迎える「サンシャインシティ」は、波乱万丈の歴史を持つ一大商業施設だ。まず、建設地が東京拘置所(巣鴨プリズン)の跡地というのが、波乱の幕開けだった。地元の人たちが中心になって移転運動の署名運動を展開。それが実って、１９５８(昭和33)年に移転が決定したものの、東京都の財政難や移転先の用地問題もあり、計

池袋のランドマークになっている「サンシャイン60」ビル

オープン時から人気のアミューズメント施設「サンシャイン水族館」頭上をアシカが泳ぐ「サンシャインアクアリング」が人気だ。

画はなかなか進まなかった。

その後、１９６４（昭和39）年10月に開催される東京オリンピックを控え、池袋の再開発計画が持ち上がり、跡地利用でのサンシャインシティ構想が民間事業としてやっと動き出した。

工事開始は１９７３（昭和48）年で、１９７８（昭和53）年４月に完成。総事業費が約１９００億円と巨額で、また、高さ２４０メートルのサンシャイン60ビルが、当時、東洋一の高さを誇り、最上階には展望台を有していることも話題になった。敷地は、東西３３０メートル、南北１８１メートル、外周は１キロメートルに及び、面積は約５万５０００平方メートル。延べ床面積は約58万平方メートルもあり、これは東京ドーム12個分に相当するものだ。

当初は、池袋駅から離れていることもあってテナント誘致に苦戦するが、「サンシャイン60」のネーミングを一般公募で選ぶなど、人々の関心を集める作戦や、時代に合わせた多彩な商業空間を次々と実現。現在は「池袋のランドマーク」と言われるほど不動の存在感を誇っている。

サンシャインシティは、サンシャイン60ビルを中心に、複数のビルや地下街・専門店街で構成されている。具体的には、オフィスや専門店街を中心とする商業施設、ホテル（プリンスホテル）、水族館、ナンジャタウンなどの屋内型テーマパーク、プラネタリウム、劇場などのレジャー施設、コ

護国寺の本堂は、元禄時代の建築工芸の粋を結集し、国の重要文化財になっている。

2017年7月に水族館の屋外エリアをリニューアル。新展示の「天空のペンギン」が話題を集めた。

ンベンションホール、さらにサンシャインシティ噴水広場をイベント会場にして、多くのタレントを招致しているほか、マンションまで擁する日本初の複合都市施設である。

特に大きな集客源になっているのが、オープン当時から人気のある「サンシャイン水族館」だ。水族館をビルの屋上に持ってくるという発想は斬新なアイデアで、時代の最先端を行くアミューズメント施設として注目された。今後も、新しい企画を積極的に取り入れていく勢いだ。

豊島区東池袋3－1「東池袋四丁目停留場」徒歩4分

03－3989－3331（総合案内所）

江戸の面影を今に伝える

護国寺

切妻造りで丹塗の立派な仁王門が迎えてくれる護国寺は、五代将軍徳川綱吉の生母桂昌院の発願によって建立された。桂昌院というのは家光の死後、出家してからの号で、娘時代の名はお玉と言った。

お玉は16歳の時、三代将軍家光の側室お万の方の腰元として仕え、名を秋野と改めた。やがてその美貌を家光が見そめ、若君を産む。この若君が、後の五代将軍となる徳川綱吉だ。1670（延宝8）年、四代将軍家綱が子どものないまま死去し、弟の綱吉が将軍の座についた。

滋賀県大津市の三井寺から遷された護国寺月光殿

区指定有形文化財の護国寺仁王門

1681(天和元)年2月、徳川綱吉は桂昌院の祈願寺護国寺の建立。初代住職として高崎大聖護国寺の住職だった亮賢を迎える。亮賢は祈祷・占いに優れた僧で、桂昌院が若い頃から篤く信頼しており、綱吉を懐妊した時も「胎児が大器である」と言い当て、安産と男児出生の祈祷を命じられた祈祷僧となっている。その後は、桂昌院のそばで護持僧としての役割を果たしていくことになる。

護国寺の本尊は桂昌院の念持仏の如意輪観世音菩薩像。1697(元禄10)年に完成した本堂は、元禄時代の建築工芸の粋を結集した大建造物だ。震災や戦災に遭いながらもその雄大さは姿を変えず、江戸の面影を今に伝え、国の重要文化財になっている。本堂に向かって左側の月光殿は、桃山時代の建造で書院様式を伝えるものとして貴重な建物。これも国の重要文化財だ。ほかに主な建物としては、鐘楼、薬師堂があるが、いずれも元禄時代の建立である。

護国寺の墓所は広大で、本堂の周囲には著名人の墓が集まっている。中でも亮賢僧正の墓である五輪塔、鳥居奥にある三条実美の墓は都の史跡になっている。明治の元勲、山県有朋の墓もある。このほか、早稲田大学創立者の大隈重信、茶人大名で有名な出雲松江藩主松平不昧治郷の墓も存在している。東側の広大な森は皇室の豊島岡墓地である。

文京区大塚5－40－1　東京メトロ護国寺駅徒歩2分

池袋線と平面交差していた東池袋四丁目(旧・日出町二丁目)

1939(昭和14)年に護国寺前～池袋駅前間の市電(都電)が開通し、この地で平面交差した。右が池袋駅方面、左が護国寺・大塚仲町方面である。電車は⑰系統(池袋駅前～新橋、後に数寄屋橋)が通っていて、乗降客、乗換え客が多かった。旧王電線の方は、元私鉄だけに架線柱が鉄骨組みで、郊外電車の風情を残していた。◎東池袋四丁目　1969(昭和44)年１月19日　撮影：荻原二郎

小倉歯科
7035
32

SA 26

都電雑司ヶ谷

「雑司ヶ谷」の名は、1559(永禄2)年、北条氏康が家臣団の所領を書き上げた「小田原衆所領役帳」に、「高田」「池袋」などと共に見出すことが出来る。地名の由来については諸説あるが、「新編武蔵風土記稿」には3つの理由が記されている。1つは、法明寺の雑司料であったから、2つ目は小日向金剛寺の雑司料であったから、3つ目は、南北朝時代の頃、宮中の雑色(下級役人)の職を勤めた武士らがこの地に土着したからだという。また、徳川八代将軍吉宗が鷹狩りでこの地に来た折、複数あった表記を「雑司ヶ谷村」と統一することを命じ、以降、「雑司ヶ谷」が地名として定着した、とも言われる。雑司ヶ谷村の「谷」は、村内を流れる弦巻川流域が谷状の地形であったことに由来する。

江戸時代、現在停留場がある東方は広大な徳川将軍家の御鷹部屋であった。それが1874(明治7年)に東京市の共同墓地となり、「雑司ヶ谷霊園」と呼ばれるようになる。東京で最初の公園墓地である。周辺には、法明寺を中心にして、宝城寺、本納寺、清立院(尼寺)、本教寺、本立寺など日蓮宗の寺院が多い。その後、1925(大正14)年12月に、雑司ヶ谷停留場が開設されたが、2008(平成20)年6月、東京メトロ副都心線の「雑司が谷駅」の開業に伴い、停留場名が「都電雑司ヶ谷」に改称された。しかし、駅との接続は南隣の鬼子母神前停留場になっている。

公園墓地のはしり
雑司ヶ谷霊園

都営雑司ヶ谷霊園には著名人の墓が多い。まず、霊園入口に近い1号区

霊園周辺は江戸時代に幕府の御鷹部屋があったところで、園内にはその説明板が立てられている。

公園墓地として知られる「雑司ヶ谷霊園」。著名人の墓が多いのでも有名だ。

他の墓と比べて一段と大きな夏目漱石の墓。墓石には「文献院古道漱石居士」と刻まれている。

には耽美派の作家・永井荷風が眠っている。また、同じ号区には小泉八雲の墓もある。ロマン派の作家・泉鏡花も同じ号区だ。戦後、極東国際軍事裁判でその責任を問われた陸軍大将の東条英機の墓も同じ号区にある。

5号区には、詩人・サトー・ハチローの墓があり、隣接する8号区には、抒情の画家竹久夢二の墓がある。東隣りには劇作・演出家で芸術座を結成した島村抱月の墓が。南側の15号区には、同一墓域に歌舞伎役者市村羽左衛門と尾上梅幸の墓が並ぶ。中浜（ジョン）万次郎も同じ号区だ。そして隣りには画家東郷青児の墓もある。その南側、14号区には文豪・夏目漱石の墓がある。

雑司が谷の一部と南池袋四丁目の広大な地域を占める雑司ヶ谷霊園の面積は、約11万5400平方メートル。江戸時代は鷹匠頭が鷹の飼育や訓練を行う幕府の御鷹部屋があった。1868（明治元）年に種苗園となり、1874（明治7）年に、当時の東京府が、墓所のない市民のために共同墓地を開設。1935（昭和10）年に名称を「雑司ヶ谷霊園」と改める。

園内には約9000の墓所があるが、前述したように有名人の墓が多いので知られている。いわば公園墓地のはしりで、墓地特有の陰湿さがまったくない。墓域はきれいに

アメリカ人宣教師J・M・マッケーレブの居宅だった雑司ヶ谷旧宣教師館

自然石の石塔で静かな佇まいの竹久夢二の墓。石に彫られた「竹久夢二を埋む」は、同じく画家として活躍した有島生馬の揮毫。

舗装された小道で区分され、木立が多いので、かっこうの散歩道となっている。この霊園のどこにいても見上げれば、高層ビル「サンシャイン60」が目に入る。

「都電雑司ヶ谷停留場」徒歩1分　豊島区南池袋4－25－1　園内自由

宣教師が住んだ瀟洒な木造洋館
雑司が谷旧宣教師館

雑司ヶ谷霊園近くの住宅街に、「雑司が谷旧宣教師館」と呼ばれる明治時代建築の木造総2階建て洋館が保存・公開されている。1907（明治40）年にアメリカ人宣教師J・M・マッケーレブが自らの居宅として建てたものだ。マッケーレブは、1941（昭和16）年に帰国するまでの34年間をこの家で過ごしている。そして、この地を拠点に慈善事業から幼児や青年の教育活動に励み、多くの人々に影響を与えた。

建物は、豊島区内に現存する最古の近代木造洋風建築で、張り出し窓や天井の割り竹など、和洋折衷のモダンな意匠が特徴。都内でも数少ない明治期の宣教師館として貴重なものだ。全体のデザインはシングル様式だが、細部のデザインは凝っており、19世紀後半のアメリカ郊外住宅の特色が見られる。

豊島区では、1982（昭和57）年にこの建物を取得して以来、建物調査、

明治の木造総２階建て洋館は、庭に向けて開放感のある設計になっている。

明治の神仏分離で鬼子母神から分離され、明治20年に現在地に遷座したのに伴い改称された「大島神社」

保存修理工事などを経たのち、１９８９（平成元）年１月から館内に関連資料等を展示し一般公開を行なった。

１９９９（平成11）年３月、東京都指定有形文化財「旧マッケーレブ邸」に指定されている。館内では、演奏会や児童書の読み聞かせ会も開催されている。

「都電雑司ヶ谷停留場」徒歩7分
豊島区雑司が谷1－25－5（見学は問い合わせが必要）

手創り市や酉の市は大賑わい
大島神社

１７１２（正徳２）年、出雲の松江藩主松平宣維の嫡男が天然痘に罹り、千登世橋近くの下高田村の下屋敷で療養していた。そこで、出雲国鷺浦・鷺大明神（現・伊奈西波岐神社）に祈願し平癒したため、鬼子母神境内に鷺大明神を勧請、手水舎の傍らに奉斎したのが創祀と言われている。以来、厄病除けの神として尊崇されていた。その後、明治政府による神仏分離令により、鬼子母神から分離し、現在地に遷され、「大島神社」と改称された。

境内社は、三杉稲荷神社と西宮神社の２社。三杉稲荷神社は、もと日出町で個人により祀られていたが、首都高５号線の用地にかかり、大島神社境内に移された。また西宮神社は、以前、大島神社が鬼子母神堂に鎮座し

“雑司が谷のお酉様”として親しまれている大島神社。現在の社殿は昭和56年に建て替えられたものだ。

雑司が谷七福神の創設により、兵庫県の西宮神社から恵比寿神を勧請して祀っている。

ていた折りに祀られていた恵比寿神。２０１０(平成22)年、雑司が谷七福神の創設に伴い、再び兵庫県の摂津西宮神社から御分霊を勧請して大島神社に祀ったという。

ふだんは静かな神社だが、自作の作品を持ち寄って販売する手創り市や、11月の酉の日に開かれる酉の市は大勢の人で賑わう。大島神社は、都電巡り4社の1社でもある。

「鬼子母神前停留場」徒歩5分　豊島区雑司が谷3－20－14　境内自由

竹久夢二直系の家族も利用する
ギャラリーゆめじ

明治通り沿いのマンション1階にある「ギャラリーゆめじ」は、画廊とレンタルスペースを併設するちょっとした文化の発信基地だ。オーナーの藤原利親さんは、自らも竹久夢二の大ファンであり、直系のご家族とも親しい、いわば、竹久家の応援団長的な存在だ。ギャラリーに「ゆめじ」と名付けていることでもそれがわかる。しかも１９８６(昭和61)年にこの画廊を開く時には、夢二の次男・不二彦氏の賛同を得ており、そのお墨付きの店は２０２１年9月で35周年を迎える。

これまで夢二の孫・竹久みなみさん、不二彦氏の養女・竹久野生さんの展覧会のほか、夢二の妻・彦乃の妹にあたる笠井千代さんの写真展なども開か

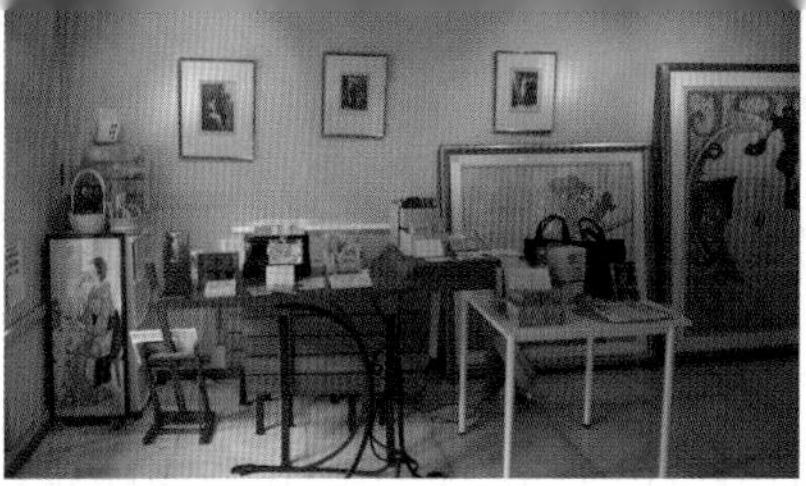

竹久夢二の作品ほか、幅広い分野の芸術作品が並ぶギャラリー。隣接して貸しギャラリーもある。

オーナーの藤原利親さん

竹久夢二ファンのオーナーが開設した「ギャラリーゆめじ」

れている。特にみなみさんが主宰した「夢二震災スケッチ展・東京災難書信」は、夢二が関東大震災直後にその被災状況をスケッチしながらルポしたもので、美人画で知られる夢二とはまた違った側面が話題となり、大反響を呼んだ。

「竹久夢二も22歳の時（明治38年）に、雑司が谷にほど近いこの地に荒畑寒村らと下宿生活を送っていたのですよ。夢二ゆかりの地である雑司ヶ谷は、私も思い入れが深いです」と利親さん。

現在店主を務めているのは、利親氏の長男充規氏の妻である恵さん。恵さんは雑司が谷にある東京音楽大学出身のオーボエ奏者でもある。学生時代より旧宣教師館で開かれるコンサートに出たり、ギャラリーゆめじでも練習をしたりと、もともと藤原家とは見えない絆でつながっていたようだ。

店には、竹久夢二の作品をはじめ、イカール、ファンタン・ラトゥール、ローランサンなどの版画を中心に小笠原長春作の伊万里焼陶器など、幅広い分野の芸術作品が並ぶ。また画廊の隣りの15坪（壁面20m）のスペースは、絵画、生け花などのグループ展をはじめ、音楽活動、絵画教室の各種教室、会議、セミナーにも使用できる。

ピアノ、机、椅子、食器類、キッチン等の設備も整っている。貸し出し料金は1日2万円（1週間10万円）。個々の相談にも応じてくれる。

豊島区高田1－36－22　「都電雑司ヶ谷」徒歩5分　03－988－7751
11時～18時　水・日定休

SA 27

鬼子母神前

鬼子母神前停留場は、1928（昭和3）年までは、大塚方面からの終点となっていた停留場である。停留場そばを横切っているのは、面影橋から続く古奥州街道で、西に進むとすぐに鬼子母神のケヤキ並木の参道に出る。情緒のある停留場だったが、今はビルに囲まれた風景に変わりつつある。しかし、明治通り沿いの街路樹が四季折々に美しい変化を見せ、目白通りの千登世橋から見下ろす風景はまだ懐かしい風情が残っている。

鬼子母神前で都電を降り、ケヤキ並木の参道を入ると、木造家屋が数軒並んでいるが、そのうちの1軒は、雑司が谷周辺の案内をボランティアで引き受けている人たちがいる「雑司が谷案内処」だ。2階にはギャラリーもある。また、手前の路地を入ると、若き日の手塚治虫が椎名町の「トキワ荘」を出た後に住んだアパート「並木ハウス」がある。このアパートには、2年半ほど居住したという。

鬼子母神大門ケヤキ並木
鬼子母神大門ケヤキ並木は、雑司ヶ谷村の住人長島内匠が鬼子母神への奉納のために植え付けたものという。大門とは、鬼子母神鳥居先の町屋のこと。江戸時代、並木伐採についてはしばしば訴訟問題になったが、何とか守られた。1937（昭和12年）頃には18本あったが、現在は４本を残すのみ。目通り幹周5〜6メートル、樹齢約400年以上の大樹で、東京府の「天然記念物」となった。

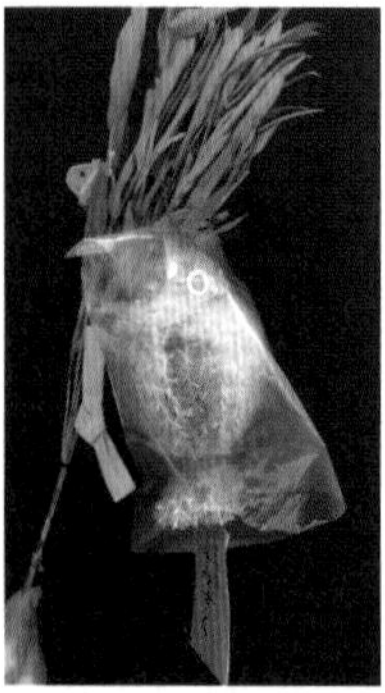

ススキミミズク
雑司が谷案内処で販売されている雑司が谷郷土玩具の「ススキミミズク」。ススキの穂でつくられたみみずくの人形で、鬼子母神にまつわる逸話が元になっている。商売繁盛の縁起物でもある。

子授けイチョウ
鬼子母神堂境内の左手で根を張るイチョウの巨木。応永年間(1394 ～1427年)に僧正日宥が植えたと伝わり、推定樹齢は約700年。樹高32.5メートル、幹周6.63メートル、約10メートルの葉張りで、樹勢は良好。昔からこのイチョウに抱き着くと子宝に恵まれると信仰を集めたことから、「子授けイチョウ」として親しまれている。東京都指定天然記念物(昭和31年8月21日指定)。

豊島区最古の建物で東京都指定有形文化財
鬼子母神堂

鬼子母神は、インドで「訶梨帝母（カリテイモ）」と呼ばれた悪鬼であった。嫁して千人の子ども産んだ母親ながら、その性質は凶暴で、人の子を殺しては食べてしまう。人々から恐れ憎まれていた。

ある時、人々の訴えを受けた釈迦が、彼女が可愛がっていた末子を隠してしまう。子どもを失う悲しみを実感させようと思ったからだ。

帝母は探し回ったが見つからなかったので、嘆き悲しみ、ついに釈迦にすがった。釈迦は、「千人のうちの一子を失うのかくの如し。いわんや人の子の一子を食らうとき、その父母の嘆きやいかに」と帝母を戒め、末子を返した。そして、改心した帝母は、「今後は人々の子どもを守護する」という誓いを立て、仏法に帰依。安産・子育ての善神となり、人々の信仰を集めるようになったという。

姿形も変わってしまった。雑司ヶ谷鬼子母神が、角（ツノ）のない鬼の字を用いるのは、鬼形ではなく、天衣・瓔珞をつけ、片手に吉祥果（柘榴）を持ち、幼児を抱いた菩薩形の姿だからだ。

「雑司ヶ谷鬼子母神略縁起」や「新編武蔵風土記稿」によれば、戦国時代の１５６１（永禄４）年、柳下若狭守の家臣山本丹右衛門が清土（現在の

鬼子母神堂の扁額
鬼子母神堂に掲げられている扁額を見ると、「鬼」の字は、1画目の点（ツノ）のない文字を用いている。つまり「鬼形」から「菩薩形」になり、古くから児女を護る善神として信仰され、子宝や安産を祈念されてきた、という証だ。江戸時代、鬼子母神堂には将軍の御成もあり、武家から庶民に至るまで幅広く信仰され、大いに盛況を呈したという。平成28年７月、重要文化財（建造物）指定。

1664（寛文４）年に建てられた鬼子母神堂。豊島区最古の建物で、東京都の有形文化財。昭和50年代に大修理が行われた。

文京区目白台）の田圃の中から木造の鬼子母神像を掘りだし、東陽坊（のち大行院と改称）に預けた。そして、鬼子母神の霊威を知った地元の人々が、１５７８（天正６）年「稲荷の社跡」に堂を建て、本像を安置したという。

本殿は、１６６４（寛文４）年、加賀藩主前田利常息女の寄進により建立されたもの。豊島区の最古の建物で、１９６０（昭和35）年に東京都有形文化財の指定を受け、１９７６（昭和51）年から１９７９（昭和54）年にかけて、江戸時代の姿に復元する大修理が行われた。

また２００６（平成18）から1年がかりで本殿などの修復工事が行われ、黒漆塗りの美しい外観が蘇った。境内の大黒堂には、雑司が谷七福神の一つ、大黒天像が祀られている。

豊島区雑司が谷３－15－20「鬼子母神前停留場」徒歩２分

鬼子母神堂の本坊
法明寺

法明寺は、８１０（弘仁元）年に真言宗の稲荷山威光寺として開祖され、１３１２（正和元）年日蓮聖人の弟子日源上人により日蓮宗に改宗し、現在の寺号に改められた。また、法明寺は鬼子母神堂、清土鬼子母神堂の本坊である。

本堂は１９２３（大正12）年９月１日の関東大震災で倒壊し、１９３２（昭

江戸名所図会・鬼子母神堂境内の参詣土産
「江戸名所図会」に描かれた鬼子母神堂境内の茶屋でも、ススキミミズク、角兵衛獅子、風車など参詣土産を売る様子が描かれている。「江戸名所図会」1836（天保7）年刊　提供：豊島区立郷土資料館

浮世絵・江戸高名会亭尽 雑司ヶ谷之図　初代歌川広重 天保中期（1835～40年頃）
かつて鬼子母神参道の大門ケヤキ並木に建ち並んでいた料理屋の代表格「茗荷屋」の賑わいを描いたもの。参詣帰りの子どもたちは、ススキミミズクや角兵衛獅子の土産を手にしている。
提供：豊島区立郷土資料館

和7）年に再興された。その後、1945（昭和20）年4月13日の空襲により全山が焼失し、1959（昭和34）年に本堂、同37年に客殿庫裡、同43年に山門と鐘楼が再建された。

塔頭は、真乗院、観静院、玄静院、蓮光院、本納寺で、境内には日蓮聖人を祀る祖師堂（安国堂）、曲尺、算盤、枡、天秤などの珍しい文様のある梵鐘と鐘楼、朝顔の句と酒井抱一筆の絵が刻まれた蕣塚などがあり、さらに奥（北側）には威光稲荷堂が祀られている。

「江戸名所図会」や「威光山法明寺全景図」などに描かれているように、法明寺門前には、弦巻川が流れ、仁王門が建っていた。木彫の仁王像一対は、鎌倉時代の運慶作と伝えられている。「雑司谷若葉集」によれば、1644（寛永21）年、池谷惣右衛門父子が願主となり、仁王像に彩色を施したことが背面に記されていたという。しかし、1945（昭和20）年4月の空襲により焼失した。

古くから桜の名所として知られ、江戸時代中期の絵巻物「武蔵国雑司谷八境」には、「威光山花」が描かれている。現在、参道から山門に続く風情あるソメイヨシノの桜並木は、区内でも屈指の花の名所として訪れる人の目を楽しませてくれる。

豊島区南池袋3-18-18「鬼子母神前停留場」徒歩5分

法明寺周辺は桜の名所として知られ、特に参道から山門に続くソメイヨシノの桜並木は、区内でも屈指の名所として知られている。

鬼子母神堂の境内にある「上川口屋」は、“東京で最も古い駄菓子屋さん”と言われている。店の奥の看板には「創業一七八一年」とあり、先祖代々この場所で商いをして240年の歴史を持つという。

手塚治虫が気に入って住んでいた「並木ハウス」

1954(昭和28)年築の木造モルタル2階建てのアパート。この一見、何の変哲もないアパートを有名にしたのは、戦後日本においてストーリー漫画の第一人者となった手塚治虫が入居したからだ。手塚治虫は漫画雑誌の編集者に紹介されて、この並木ハウスが気に入り、昭和29年10月、トキワ荘から移り住んだ。部屋は2階奥の角部屋で6畳一間。その後、渋谷区の代々木初台に引っ越すまでの2年半ほど、気に入って住んでいた。当時26歳の手塚は、ここで「リボンの騎士」「鉄腕アトム」「火の鳥」などの代表作を次々と生み出している。その間、トキワ荘のメンバーやファンの子どもたちが数多く出入りしていたという。

雑司ヶ谷情報ステーション
雑司ヶ谷案内処

鬼子母神堂へ続くケヤキ並木参道の中ほどにある「雑司が谷・案内処」は、雑司が谷観光には外せないスポットだ。この案内処の特徴は、雑司が谷のボランティアガイド団体「としま案内人雑司ヶ谷」が中心となり、見どころの多い雑司が谷地域の散策をサポートしていることだ。現在、メンバーは23人で、コロナ禍で変則的な運営だが、これまで1年に1000人以上を案内してきた実績を持つ。

「私たちがガイドしている雑司が谷は、鬼子母神堂、雑司が谷霊園、雑司が谷旧宣教師館など、歴史と文化の足跡が多く残るまちです。「江戸名所図会」や歌川広重の浮世絵「雑司が谷八境」などの資料もたくさん残されており、案内する時は、皆様にも参考資料としてお見せいたします。ガイドするほうも一緒に勉強して行こうという、気負いのないご案内で、楽しくやらせていただいています」と、会長の小池陸子さん。

案内するコースは、まるごと雑司が谷、雑司ヶ谷霊園、雑司ヶ谷霊園と雑司ヶ谷旧宣教師館、雑司が谷七福神めぐり、消えた川「弦巻川」、アレンジコースの6コース用意され、各コース2時間が目安。1グループ10～15人に2人のガイドがつく。また、区内の小学生の社会科見学のサポートも受け入れ、喜ばれている。雑司が谷の歴史遺産を次の世代へつなげることも目的に頑張っているそうだ。

店内1階では、雑司が谷の郷土玩具ススキミミズクや、雑司が谷グッズなどを展示・販売。2階はギャラリーで、雑司が谷ゆかりの作品を展示している。

豊島区雑司が谷3-19-5
「鬼子母神前停留場」徒歩3分
10時30分～16時30分　木休(祝日の場合は開館)

雑司ヶ谷地域をサポートする雑司ヶ谷案内処

おしゃれ店 紳士コーナ
鬼子母神前
鬼子母神前

真冬の鬼子母神前停留場

旧・王子電気軌道（王電）は、大部分が下町の路線だったが、飛鳥山～早稲田間は山の手を走る区間で、沿線の眺めも郊外電車の風情を漂わせていた。写真は大寒間近の鬼子母神前電停の表情。電車は青山車庫の廃止で転入してきた当時最新の7500形で、荒川線にとっては久々の新型車両だった。撮影当時は車掌がまだ乗務していた。◎鬼子母神前　1969（昭和44）年1月19日　撮影：荻原二郎

SA 28 学習院下

「鬼子母神前」を出て連続するS字カーブを走り、目白通りの千登世小橋をくぐり抜けて両側にツタのからまる石垣の間を進み、明治通りに出るとまもなく学習院下停留場に着く。この間の軌道は急坂になっている。

停留場名が示すように「学習院」の最寄り駅だ。電停の西方台地には、1908（明治41）年に四谷から移転した学習院大学が広がっている。当時は乃木希典の院長時代だった。

戸山3丁目にある学習院女子大学、学習院女子中・高等科の正門は、1973（昭和48）年6月に、重要文化財に指定されている。この正門は、1877（明治10）年、神田錦町の華族学校の表門として鋳造された鉄門で、東京に現存する最古の鋳鉄製門だ。唐草文様の和洋折衷の意匠は明治の息吹を感じさせる。再三移築されたが、現在はここで落ち着いている。埼玉県川口市の鋳物工場で製作されたと伝わるが、当時の鋳造技術を知るうえにも重要な遺品である。

1973（昭和48）年の学習院下停留場風景

文化財の建造物が多い学習院

学習院の起こりは、幕末に公卿の子弟の学習所として京都御所の近くに創立されたものだが、孝明天皇が「学習院」の勅額を下してから、これが正式の名称になった。

1877（明治10）年になって華族会館の私学校として復興されたが、1884（明治17）年に皇族や華族の教育機関として宮内省直轄の官立学校

重要文化財に指定されている学習院女子大学、学習院女子中・高等科の正門

になっている。戦後の1947(昭和22)年、私立学校として一般の子弟も入学できるようになったが、それでも皇族や旧華族の子弟が入る学校としての伝統は残っている。

20万平方メートル(約6・2万坪)にわたる広大なキャンパスは「目白キャンパス」と呼ばれ、全学部がここで学んでいる。2008年の新校舎建設のために一部は伐採されたものの、豊島区内で唯一の自然林が残っている。タヌキ・テン・ハクビシンなどの野生動物も林の中に生息しているという。また、堀部安兵衛が高田馬場の仇討ちの時、この池で血刀を洗ったという伝説から名前が付いた「血洗いの池」も残されている。

キャンパス内には、正門・北別館・東別館・南1号館・西1号館・乃木館・厩舎などの国登録有形文化財の建造物が多くあり、予約して許可をもらえば見学もできる。

豊島区目白台1-5-1　03-3986-0221(代)

江戸五色不動の一つ
金乗院(目白不動尊)

学習院下停留場のすぐ南を東に行くと、目白不動で知られている「金乗院」の前に出る。金乗院は、天正年間(1573~1592)に開基である僧・永順が、本尊である聖観音菩薩を勧進して観音堂を建てたのが始まり

1971（昭和46）年に再建された金乗院・本堂。

江戸五不動の一つである金乗院・目白不動尊

とされている。当初は、中野にある宝仙寺の末寺で蓮花山金乗院と称したが、後に護国寺の末寺になり「神霊山金乗院」となった。

江戸時代までは近隣の木之花開耶姫社の別当なども務めていたが、第二次世界大戦による戦災で本堂や徳川光圀の手によるものとされる木此花咲耶姫の額などが焼失。現在の本堂は１９７１年（昭和46）年に再建されたものである。

また、江戸五不動の一つである目白不動尊は、１キロほど離れた関口駒井町（現在の文京区関口）の新長谷寺の本尊であったが、１９４５（昭和20）年の戦災で新長谷寺が焼失したため、金乗院に合併した。本尊である目白不動は断臂（だんぴ）不動明王と言い、弘法大師作と伝わる。

江戸五不動は「五色不動」とも呼ばれ、徳川三代将軍家光が天海大僧正のアドバイスにより、江戸府内の名ある不動尊を、五行思想の五色（白・黒・赤・青・黄）に分け、江戸５街道の守護のために命名したと伝えられている。目白不動のほかに、目黒不動（目黒区滝泉寺）、目赤不動（文京区南谷寺）、目青不動（世田谷区教学院）、目黄不動（江戸川区最勝寺）（台東区永久寺）がある。「目白」という地名はこの目白不動に由来する。

境内には１６６６（寛文６）年造立の倶利伽羅不動庚申塔をはじめ、１８００（寛政12）年造立の鍔塚など多くの石造物がある。倶利伽羅不動は庚申と習合したもので、剣に龍（倶利伽羅大龍）が巻き付いてにらみ、下に

本尊の不動明王。弘法大師作と伝えられる。

世界でも珍しい郵便切手の専門博物館。

は三匹の猿が「見ざる、聞かざる、云わざる」の姿で彫られている。墓地には、槍術の達人・丸橋忠弥、青柳文庫を創設した青柳文蔵などの墓がある。

豊島区高田2－12－39「学習院下停留場」徒歩5分 9時～17時

日本や世界の切手約35万種類所蔵 切手の博物館

切手の博物館は、一般財団法人水原フィラテリー財団が運営する、世界でも珍しい郵便切手の専門博物館だ。この博物館は、郵便切手文化に関する資料を収集・保存し、研究調査を行うとともに、広く一般に公開し、郵便切手文化の振興と発展に寄与することを目的につくられた。1991（平成3）年、東京都の登録博物館に指定（第68号）されている。

1988（昭和63）年に、世界的に著名な切手収集家・水原明窓氏が私財を投じ、運営母体となる財団を設立したのが始まりで、当初は、渋谷区代々木にあったが、再開発に伴い1996（平成8）年に現在地へ移転した。

同館では、郵便切手の持つ魅力や面白さを伝えるために、さまざまな企画展・特別展を開催。さらに、体験ワークショップ「切手はり絵」、児童館での「出張切手はり絵」など、多岐にわたる公益事業を行なっている。

館内には、日本や世界各国の切手が約35万種類、ステーショナリー（郵便）類は約1万5千枚、関連書籍やカタログ類は約1万3千冊、切手関連の雑

1階の展示室では、3ヵ月ごとにテーマを替えて企画展が開かれる。

誌やオークション誌は約2千タイトルが所蔵されている。

所蔵する切手を公開する常設展示場はないが、1階の展示室では、3ヵ月ごとにテーマを替えて企画展が開かれ、人気を集めている。また、2階の図書室では、所蔵書籍のうち初心者向けの本や世界の切手カタログなど、約400冊を公開。このほか、世界最初の切手「ペニーブラック(イギリス、1840年発行)」や、日本最初の切手「竜文切手(1871年発行)」なども展示されている。

3階の展示室「スペース1・2」では、夏休み企画展、クリスマス展などの期間限定の特別展示や、切手商や手紙愛好家が集うフリーマーケットなどさまざまなイベントを用意している。

また、1階のスーベニア・コーナーでは、日本や世界の切手、おしゃれなハガキ、オリジナルグッズなど、ちょっとした記念品を買うことができる。

豊島区目白1-4-23 「学習院下停留場」徒歩13分、JR目白駅徒歩3分
03-5951-3331
10時30分~17時 月休(展示替時・年末年始休)

大塚駅前、向原付近(昭和5年)

地図の中央やや上には国鉄の山手線が走り、大塚駅が置かれている。王子電気軌道(王電)は、巣鴨新田方面から南下して、大塚駅前に至り、今度は向原、雑司が谷方面に向かっていく。この大塚駅前では、東京市電と連絡していた。王電は1925(大正14)年12月に大塚駅前〜鬼子母神前間が開業している。この区間の西側には巣鴨刑務所があり、現在はサンシャインシティ、東池袋中央公園になっている。

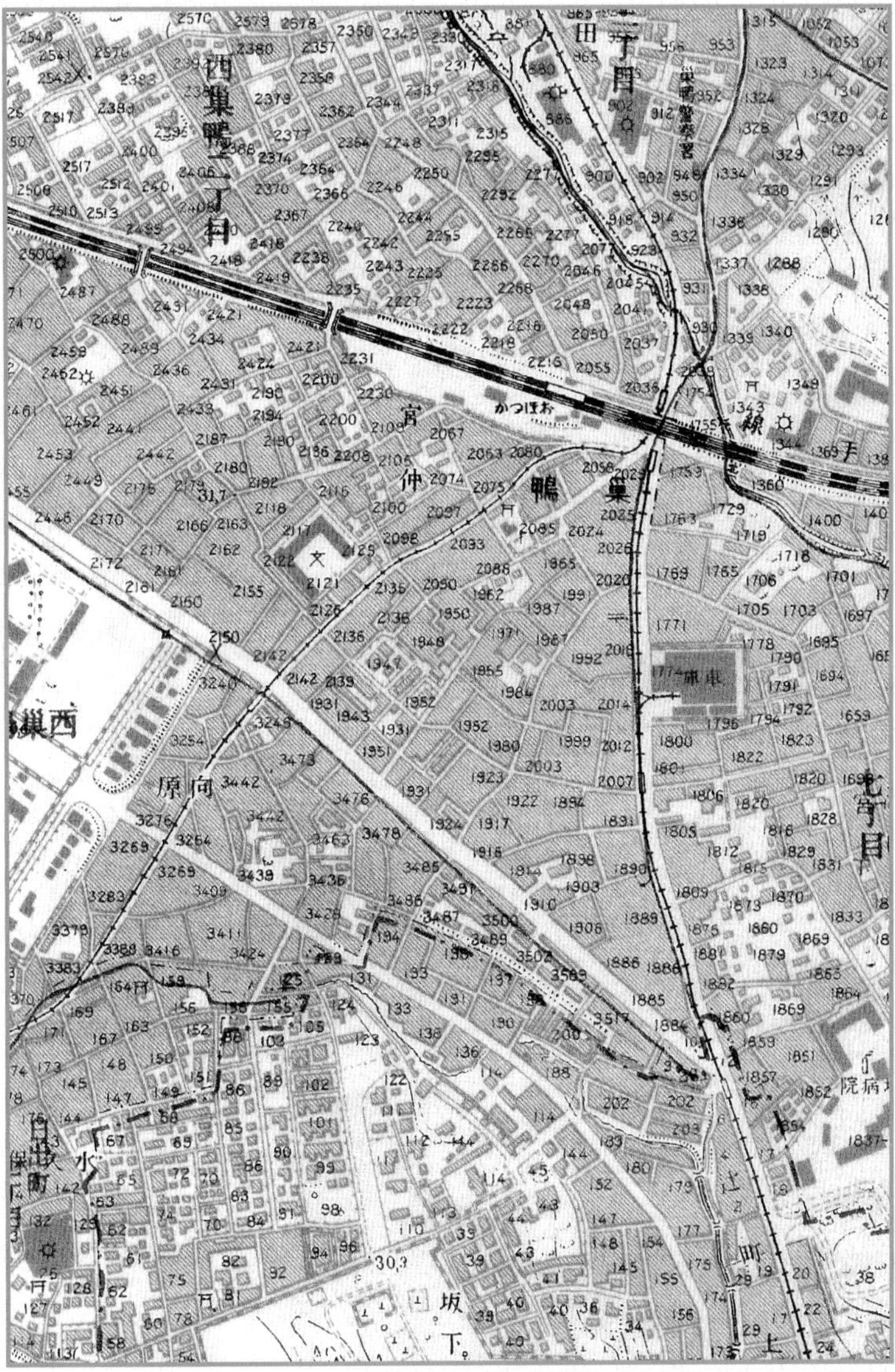

帝国陸軍参謀本部陸地測量部発行「1/10000地形図」

SA 29

面影橋

面影橋停留場という名称は、線路に沿って流れる神田川に架かる橋の名前に由来する。「江戸名所図会」には「俤のはし」とあった。なんとなく、ロマンを期待して橋のそばに行ったが、特にどうということのないコンクリート製の橋だった。現実はそんなものなのかもしれない。

昔は、上流のほうに「姿見の橋」が架かっていたとも伝わる。しゃれた橋の名前は、平安朝の風流人・在原業平が東国に下ったとき、この橋から姿を水に映したところから名付けられたそうだ。今はそのような橋はなく、面影橋の上流100メートル先に架かっているのは曙橋だ。

いずれせよ、神田川は、郷愁を感じさせる川だ。フォークグループ・かぐや姫の歌のせいかも知れないが、桜の咲いていない川沿いの遊歩道は緑がいっぱいで、散策するにはいい道だ。

桜の咲いていない川沿いの遊歩道は緑がいっぱい

面影橋を渡ったところに「山吹の里」碑が立つ。

山吹の里伝説で有名な太田道灌は室町時代に関東管領だった扇谷上杉氏の家老で、名は持資（もちすけ）と言った。「道灌」というのは出家してからの号だ。1457（緑元）年に江戸城を築き、城主となって間もなく、狩りに出て雨に遭い、農家に立ち寄って蓑を借りようとして、その家の娘が差し出した山吹の一枝の意味がわからず、怒って城に帰った、という説話

真言宗豊山派に属する「大鏡山薬師寺南蔵院」

面影橋を渡ったところに「山吹の里」碑が立っている

はよく知られている。

家臣の一人から、それが「七重八重花は咲けども山吹の実の（蓑）ひとつだに無きぞ悲しき」の古歌に例えた答えだったことを知らされ、以後、歌道に励み、文武両道に優れた名将になったということだ。同じ伝説は、荒川区町屋、埼玉県越生町、横浜市六浦などにも残されている。

しかし、太田道灌は名将であったが故に身を滅ぼすことになる。嫉妬深い主君の扇谷上杉定正は、「道灌に野心があるのではないか」と疑う。同族の山内上杉顕定からそそのかされたこともあり、定正は、１４８６（文明18）年7月26日、館に道灌を招き、入浴中の道灌を刺客を使って暗殺する。道灌は絶命するときに「当方滅亡（扇谷滅亡）！」と叫んだというが、それは予言となり、扇谷上杉氏はその後滅亡の道をたどる。

面影橋を渡ったところに、太田道灌の山吹の里伝説にまつわる「山吹の里」碑が立つが、道灌の悲運を思いながら眺めると感慨深い。

山吹の里ゆかりの供養碑がある南蔵院

「山吹の里碑」からそう離れていない南蔵院の境内にも、「山吹の里」の伝説を今に伝える〝山吹の里弁財天の供養碑〟があると聞いて訪ねた。

この寺は、真言宗豊山派に属し、「大鏡山薬師寺南蔵院」と言う。これ

南蔵院の境内にひっそりたたずむ「山吹の里弁財天碑」

境内の中央付近にある上野彰義隊隊士９人を葬った首塚

江戸名所図会や新編武蔵風土記稿にも記される南蔵院（本堂）

は寺の近くに鏡ケ池という大きな池があったことに由来するそうだ。

寺伝では、室町時代の１３７６（永和2年）に円成比丘が開山したとされる。本尊の薬師如来は、木造の立像で、奥州平泉の領主藤原秀衡氏の持仏と伝わっている。円成比丘が諸国を修行中のときに手に入れ、この地に草庵を建てて安置したのが開創につながった。

１７１６（正徳6）年の「高田村絵図」には、境内に「薬師堂」「南蔵院」の文字のほか、山門、薬師堂と思われる建物、そして3本の樹木が描かれている。江戸時代の地誌にも紹介されており、江戸名所図会や新編武蔵風土記稿では、徳川三代将軍家光がここをしばしば訪れたと記している。

現在の境内には、１６９６（元禄9）年に神保長賢により寄進された「山吹の里弁財天」と刻まれた供養碑が立つ。また、この寺の近くへ逃れて倒れた上野彰義隊隊士9人を葬った首塚もある。墓地には片男波、粂川、雷、音羽山、二子山、花籠などの由緒ある力士の墓がある。

さらに南蔵院は、三遊亭円朝が南蔵院旧本堂天井の龍の絵を見て創作したとされる、「怪談乳房榎」のゆかりの寺としても知られている。

豊島区高田1-19-16「面影橋停留場」徒歩3分

東京染小紋などの染付体験もできる 東京染めものがたり博物館

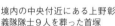

富田染工芸の工房「東京染ものがたり博物館」

東京染ものがたり博物館内の作業風景

面影橋を渡ってすぐ右へ、神田川沿いの歩道を早稲田方向に歩いて行くと、左手に東京染小紋の老舗「富田染工芸」の工房を公開した「東京染めものがたり博物館」がある。

富田工芸は、明治15年に開業し、１９１４（大正３）年に現在地に移転した。以来、「東京染小紋」と「江戸更紗」を中心に、染色業の伝統の技を継承し続けている。

「東京染小紋」の歴史は古く、室町時代にまでさかのぼる。もともと「型染め」には大紋・中紋・小紋の3種類があり、型紙に彫られた型によって染め模様をつくり出す。その中の「小紋柄」が江戸時代に武士の裃（かみしも）に取り入れられたことで本格的に発展。その後、江戸時代中期には庶民の間でも流行し、小紋柄はそれまでの品格さを重んじたものから、自由で粋な要素も加わり選択肢の幅が広がっていった。

「江戸更紗」はもともとインドやタイ、ジャワなどの中近東で行われている染色「更紗」に由来するものだ。これも室町時代より輸入が増え、江戸時代には、京都や江戸に更紗の模倣染を始める染色師が登場。はじめは手描きで羽織裏や帯などに使用されてきたが、やがて小紋などを染める型染めの技術が取り入れられ、着物なども染められるようになった。そして江戸時代末期、型染めと更紗の技術が融合した「江戸更紗」が生まれた。

やがて人々の着物に小紋染めや更紗染めなどが定着するのに伴い、染色

区立唯一の回遊式庭園「甘泉園」入口

東京染ものがたり博物館内のギャラリー

業者も多数登場した。当初は、良質の水が豊富な神田や浅草に店を構える人が多かったが、明治以後、水の汚れが進むにつれ、染色に適した水を求めて次第に神田川の清流をさかのぼり、江戸川橋や落合へと移転し始めた。以降、神田川流域には染色とその関連業者が集まり、新宿の地場産業として発展していった。

『東京染ものがたり博物館』は、博物館と言っても日本家屋で、木の引き戸を開けると、いきなり長い作業場の板が目の前に現れる。また、職人が使う型紙や染め付けの道具が所狭しと並んでいる。

予約をして行けば、工房内で制作現場の見学ができるほか、ハンカチなどの小物の染付体験もできる。ギャラリーコーナーではストールや革に染め付けをした服飾雑貨、インテリア小物の時計など、「東京染ものがたり博物館」のオリジナル商品が買える。

新宿区西早稲田3－6－14「面影橋停留場」徒歩2分
03－3987－0701　10時～12時、13時～16時
土日祝休　染付体験は要予約(平日は1名から可、土曜は5名以上)

回遊式大名庭園の一つ
甘泉園公園

甘泉園公園は、徳川御三家を補佐する御三卿の任にあった清水家の下屋

名所江戸百景　高田姿見のはし、おもかげの橋
晩秋の高田地域を南側から俯瞰した浮世絵（初代歌川広重画）。江戸川に架かる姿見橋と、その奥には面影橋と氷川神社・南蔵院が見える。提供：豊島区郷土資料館

日本の歴史公園100選にも選ばれた甘泉園の門と紅葉

春になると面影橋の神田川沿いは桜が満開になり花見の名所として知られる。

敷跡だ。江戸時代の宝永年間（１７０４－１７１１年）に徳川御三家の一つ、尾張徳川家の拝領地となり、その後、１７７４（安永３）年に、初代清水家の江戸下屋敷が置かれていた。明治以降は、子爵相馬邸の庭園として整備され、昭和になってから、早稲田大学が付属甘泉園として譲り受けた。その後、１９６９（昭和44）年７月に区立公園となり、現在に至っている。面積は約１万４００平方メートル。

もともと屋敷にあった庭園は、〝山吹の井〟とも呼ぶ池を中心に広がる回遊式泉水庭園で、中島、磯渡り、築山が配された、江戸時代に多い大名庭園の一つだった。池を抱く森は周辺とは別世界の静けさを醸し出し、四季を通して訪れた人々に感銘を与えた。

甘泉園という名は、庭園の中央に湧く水がお茶を淹れるのに適していたことに由来する。公園の南端には、流鏑馬で知られる水稲荷神社が鎮座。旧境内にあった富士塚が移築されている。

区立唯一の回遊式庭園に加え、ツツジ、アジサイ、新緑やモミジの紅葉、冬の雪吊りなど、四季折々に見どころが多く、みどりの新宿30選、日本の歴史公園１００選にも選ばれている。

新宿区西早稲田３－５　「面影橋停留場」徒歩２分
３～10月７時～19時　11～２月７時～17時

面影橋
DRINK
Coca-Cola
富
栃木屋
面影橋
面影橋
マルゼン

専用軌道区間のオアシスだった「面影橋」の電停と小さな商店街

早稲田〜面影橋分岐点の間は専用軌道区間で、民家の間を走っていた。面影橋の電停がある一角だけ敷石が敷かれ、小規模な商店街になっていた。並行する道路がなかったので、町工場や住宅地の人たちから重宝がられていた。現在、この区間は新目白通りの立派な道路が貫通し、都電は道の中央をスムーズに走っている。沿線は高層のマンションが並んでいる。

◎面影橋　撮影年月日不詳　撮影：荻原二郎

SA 30

早稲田

電車が早稲田停留場に着けば、三ノ輪橋からの12・2キロメートルの小さな旅は終わる。早稲田と言えば、早稲田大学だ。停留場の南側一帯にはにその広大なキャンパスが広がっている。1882(明治15)年に「東京専門学校」として創立され、1902(明治35)年に早稲田大学となった。創立者は大隈重信。その象徴として大学内に銅像が立っているのはあまりにも有名だ。周辺には夏目漱石の生誕地や晩年に過ごした地があり、松尾芭蕉も住んでいたりと、文学にゆかりの深いスポットが数多くある。また大学の周りには、「一陽来復」のお札で有名な穴八幡宮や堀部安兵衛の仇討ちの碑がある水稲荷神社、新江戸川公園から名称が変わった肥後細川庭園など史跡も多い。南東方向にある東京メトロ東西線の早稲田駅は直線距離で約600メートルも離れている。

早稲田大学創立者大隈重信の記念講堂として建てられた大隈講堂

もう一つのシンボル 大隈講堂

大隈重信像と並ぶ、早稲田大学を象徴する「大隈講堂」の正式名は「早稲田大学大隈記念講堂」。創立者である大隈重信の記念講堂建設が目的で建てられた。それまで各種の式典は、中庭にテントを張って行われていたという。1923(大正12)年4月に、「故総長大隈侯爵記念事業」の計画が公表され、資金は寄付金、設計案は公募するなどが決まった。しかし、関東大震災で計画は中断し

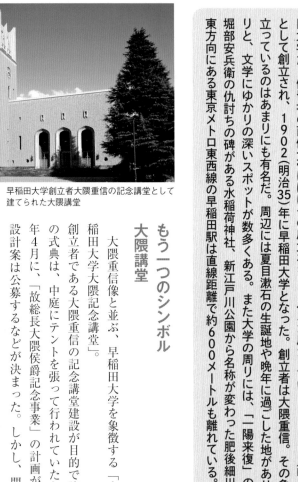

早稲田大学のシンボルになっている、創立者・大隈重信像

早稲田大学 大隈会館

た。その後、再び計画は動き出し、設計は建築学科が行うことに決定。当時の高田早苗総長から「ゴシック様式で演劇にも使える講堂を」という要望を受けた佐藤功一、内藤多仲らが設計に当たった。そして、1927(昭和2)年10月に竣工した。1999(平成11)年には、東京都選定歴史建造物に選定されている。

2007(平成19)年の創立125周年の記念事業に向けて再生工事が行われ、外観と大講堂の意匠は保存しながら、耐震補強や文化ホールとしての多機能化を図り、工事は同年9月末に完了。10月の創立記念日を無事迎えることが出来た。同年の12月4日付けで重要文化財に指定された。

大講堂はゴシック建築で、3階建てで1123席、地下1階の小講堂は301席。外壁のタイルはすべて信楽風の手作りの焼き物で、約19万枚使われている。シンボルの時計塔は大隈重信の「人生百二十五歳」説にちなんで百二十五尺(約38メートル)になっている。

大隈講堂の北に隣接する大隈会館は大隈重信の邸跡で、池を配した広い庭園が見事だ。飛騨の民家を移築したという完之荘などもある。

坪内博士の古希祝いと翻訳完成記念で設立された演劇博物館

大隈重信邸宅の庭園として作庭された池泉回遊式の大隈庭園

古希祝いと翻訳完成記念で設立
坪内博士記念演劇博物館

早稲田大学坪内博士記念演劇博物館（通称エンパク）は、アジアでは唯一、世界でも有数の演劇専門総合博物館として、演劇関係者、愛好家、研究者たちに知られている。1928（昭和3）年に10月、日本新劇界の開拓者で早大の名誉教授だった坪内逍遥の古希の祝いと、その半生を傾倒したシェークスピア全40巻の翻訳が完成したのを記念して設立されたという。

館内には、錦絵4万8000枚、舞台写真40万枚、図書27万冊、チラシ・プログラムなど演劇上演資料8万点、衣装・人形・書簡・原稿などの博物資料15万5千点、その他貴重書、視聴覚資料など、およそ百万点にもおよぶ膨大なコレクションが所蔵されている。1987（昭和62）年には新宿区有形文化財にも指定され、演劇人・映画人だけでなく、文学・歴史・服飾・建築など、さまざまな分野の人たちに貢献している。

新宿区西早稲田1－6－1「早稲田停留場」徒歩5分
10時〜17時　土日祝休

新宿区は夏目漱石ゆかりの地
本格的な「漱石山房記念館」も開館

夏目漱石生誕100年を記念して建てられた「誕生の地碑」

夏目漱石生誕150周年記念で建設された「漱石山房記念館」

明治の文豪として知られる夏目漱石は、現在の新宿区喜久井町で生まれ、早稲田南町でその生涯を終えている。このため新宿区には、漱石が生まれた場所や散歩した道、作品に書いた場所など、ゆかりの地がたくさん残されている。１９７６（昭和51）年に開園した漱石公園入口には、現在、漱石ゆかりの地を巡る散歩コース（漱石の散歩道）をわかりやすく看板に描いて紹介しており、漱石ファンに人気を呼んでいる。

この漱石公園は、漱石が晩年の9年間を過ごした地の一部で、もともとここには「漱石山房」と呼ばれた旧宅が建てられていた。旧宅には多くの門下生や友人たちが集い、また「三四郎」「門」「こころ」など、数々の名作が生まれている。

しかし、この家は１９４５（昭和20）年の空襲で焼失。跡地は東京都などが所有していたが、その後、新宿区に譲渡された。そして新宿区では、地域ゆかりの文豪に敬意を表し、２０１７（平成29）年、漱石生誕１５０周年を記念して、「新宿区立漱石山房記念館」を開館させる。

記念館では漱石が残した文学作品を収蔵し、関連の特別展、文学講座なども開催。隣接する漱石公園を訪れる人たちも気軽に利用できる導入展示や、ブックカフェも設置している。

新宿区早稲田南町7　早稲田停留場徒歩17分　10時～18時（入館は17時30分まで）
月休（祝・休日の場合は翌平日）　＊年末年始・展示替期間は休館

鳥居を支える亀2匹と「一陽来復御守」が有名な穴八幡宮

徳川家の信仰が篤い古社
穴八幡宮

社伝によれば、1062（康平5）年、源義家が奥州からの凱旋の途中、この地に兜と太刀を納め、八幡神を祀ったのが始まりという。1636（寛永13）年には、幕府の御持弓組頭松平直次が的場を築き、射芸の守護神とした。また、1641（寛永18）年、宮守の庵を造るため、社像の良晶が南側の山を切り開いていると、横穴が見つかり、中から金銅の御神像（阿弥陀如来）が現れた。以来、「穴八幡宮」と称されるようになった。

三代将軍徳川家光は、この話しを聞いて、穴八幡宮を幕府の祈願所・城北の総鎮護とした。歴代将軍の信仰も篤く、八代将軍吉宗は1728（享保13）年に世嗣の疱瘡平癒祈願のため、流鏑馬を奉納している。

江戸の庶民からも信仰を集め、特に蟲封じの祈祷は有名だった。1879（明治12）年には皇太子（後の大正天皇）の御蟲封祈願も行われている。夏目漱石の鏡子夫人が漱石の蟲封じにお参りした。毎年、冬至から節分の期間に配布される「一陽来復御守」でも知られる。1998（平成10）年に建立された朱塗りの随神門は、室町時代の様式で再建されて話題を呼んだ。

新宿区西早稲田2－1－11　「早稲田停留場」徒歩8分　境内自由

関口芭蕉庵 ひょうたん池

俳人・松尾芭蕉が住んでいた歴史的庭園「関口芭蕉庵」

戦後に復元された関口芭蕉庵

俳人・松尾芭蕉は、2度目の江戸入りの後、1677（延宝5）年から1680（延宝8）年までの4年間、この地に住んだ。当時、旧主筋の藤堂家が神田上水の改修工事を行っていて、芭蕉はこれを手伝った。その時に住んだ水小屋が龍隠庵《りゅうげんあん》で、関口芭蕉庵の始まりだ。

延宝8年の暮れには深川に住まいを移したと言われる。弟子の杉風が別荘の草庵を提供してくれたのだ。門人がその庭に芭蕉を植えたのにちなみ、その草庵は芭蕉庵と呼ばれる。これが深川の芭蕉庵である。このときから俳号を芭蕉と称するようになった。

一方、関口の住居跡には、芭蕉の三十三回忌当たる1726（享保11）年に、芭蕉の木像を安置する「芭蕉堂」が建てられ、後に高弟たちの像も祀るようになった。1750（寛延3）年には、芭蕉の供養のため、芭蕉真筆の短冊を埋めて作られた「さみだれ塚」が建立された。やがて弟子たちはこの小屋（龍隠庵）を「関口芭蕉庵」と呼ぶようになる。1926（大正15）年には、東京府（現・東京都）の史跡に指定されている。また、芭蕉の二百八十回忌の際に、園内に芭蕉の句碑か建立された。芭蕉庵にあたる建物は、その後、焼失し、戦後に復元された。

肥後細川庭園

2017（平成29）年に新江戸川公園から改称された「肥後細川庭園」

現在でも有志によって設立された「関口芭蕉庵保存会」によって、維持管理されており、敷地内には、芭蕉堂や庭園、池などあり、かつての風情を感じさせる造りとなっている。

文京区関口2－11－3「早稲田停留場」徒歩10分
10時～16時30分　月・火休　無料

細川家の回遊式泉水庭園
肥後細川庭園

熊本藩主、細川家下屋敷の庭園がそのまま公園になった「肥後細川庭園」は、東京・文京区の目白台にある区立公園だ。改修工事に伴い名称を公募し、２０１７（平成29）年3月に、以前の「新江戸川公園」から改称された。

辺り一帯は、江戸時代中頃まで幕臣の邸宅があったところで、その後、所有者の変遷を経て、幕末に細川家の下屋敷となり、明治時代に細川家の本邸となった。その後、１９６０（昭和35）年に東京都がこの庭園を購入し、翌年に公園として開園。１９７５（昭和50年）に文京区に移管されて、現在に至る。

もともとは華族・細川家が屋敷内に造った日本庭園で、大きな池を中心とした池泉回遊式庭園が特徴だ。目白台地が神田川に落ち込む斜面地の起伏を活かし、変化に富んだ景観をつくり出している。湧水を利用した流れ

細川家伝来の歴史的資料や蒐集品を収蔵・展示する「永青文庫」。

は「鑓り水(やりみず)」の手法を取り入れており、岩場から芝生への細い流れの周辺に野草が植えられている。池をはさんで背後の台地を山に見立てて、斜面地は深い木立となり、池に覆いかぶさるようにヤマモミジやハゼノキの一群が迫る。

池を巡る遊歩道があり、台地上に立つ「永青文庫」に通じる山道もある。永青文庫は、古美術を中心とした美術館で、細川家伝来の歴史的資料や蒐集品などを収蔵し、展示・研究を行っている。この建物は、細川家の使用人が住んでいたもので、昭和初期に造られたもの。庭園内の建物とはまた違った趣がある。期間ごとに展覧会も開催しており、庭園と合わせて鑑賞できる。

池のほとりのヤマモミジやハゼノキは、秋には紅葉で美しく、四季折々に見どころの多い庭園だ。

文京区目白台1-1「早稲田停留場」徒歩7分
9時~17時(11月~1月は~16時30分)無休

年１月に本開業した。この区間が結ばれたことで関口方面へ行くことができるようになった。一方、面影橋から高田馬場駅前に向かう路線はこの後、廃止されることとなる。

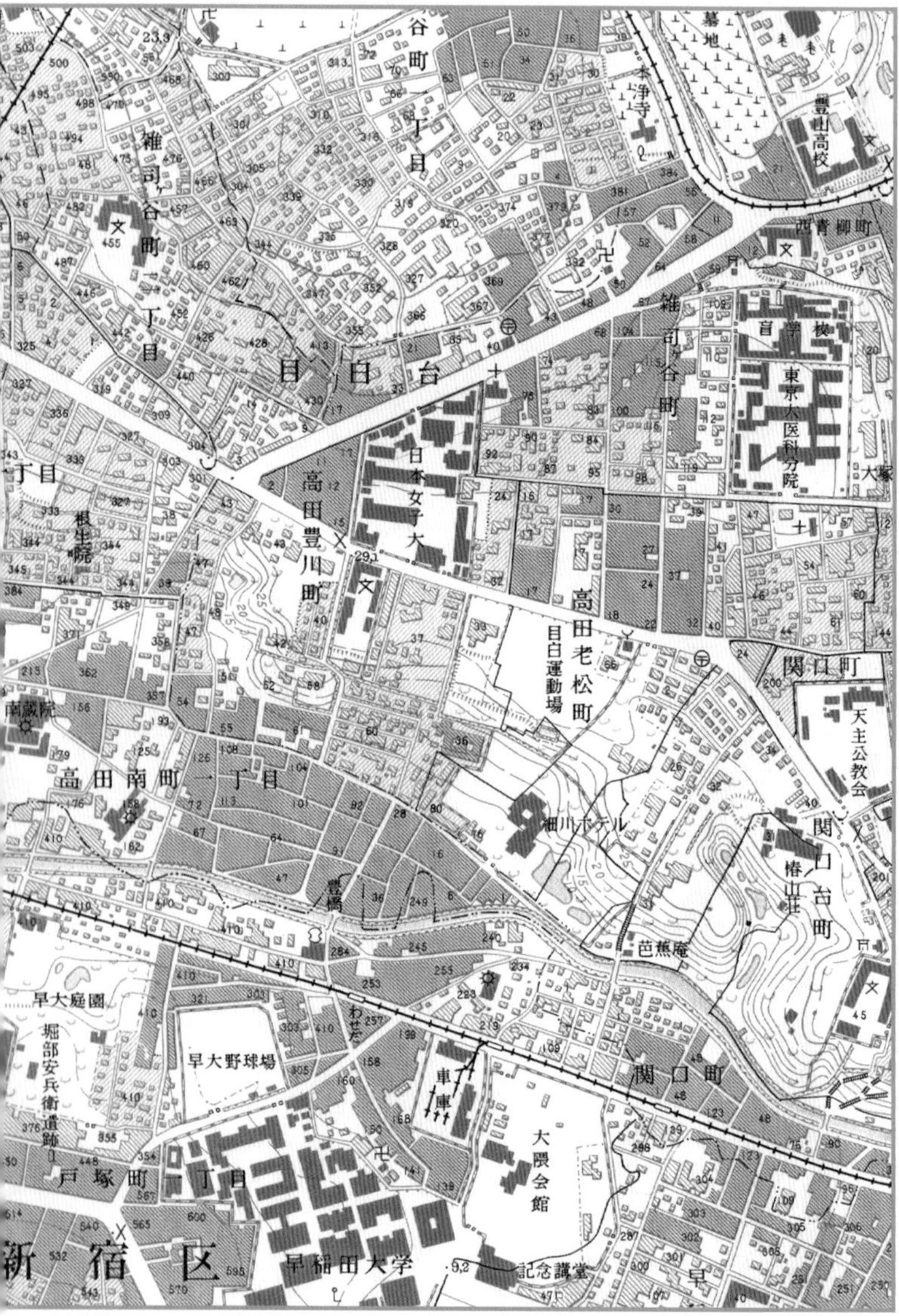

建設省地理調査所発行「1/10000地形図」

面影橋、早稲田(昭和30年)

地図の中央を南下して、面影橋、早稲田停留場までやってきた都電32系統(現・荒川線)だが、このあたりの区間は王子電気軌道時代の1928(昭和３)年12月、鬼子母神前～面影橋間が開業している。1930(昭和５)年３月に早稲田まで延伸(仮開業)し、1932(昭和７)

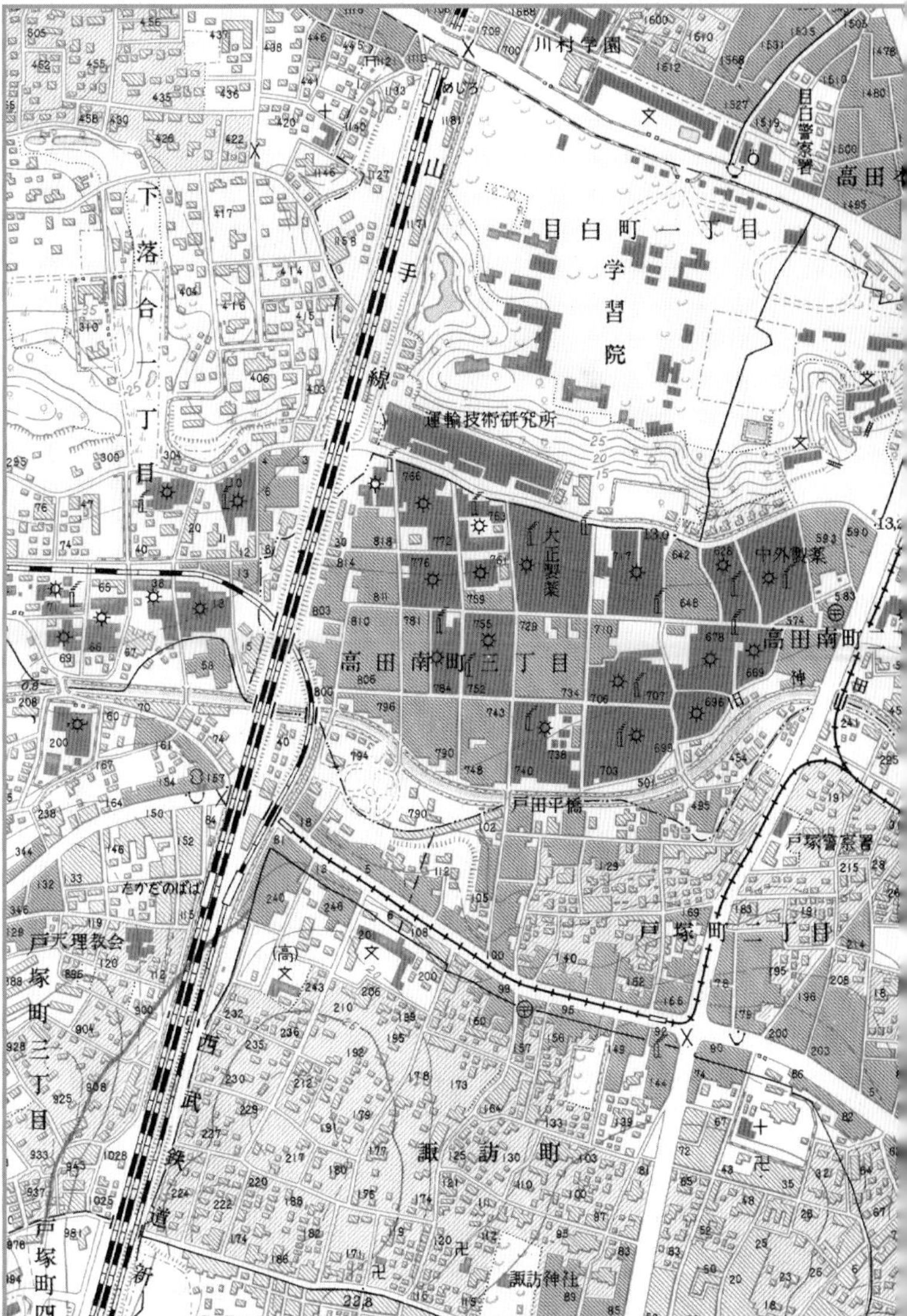

早稲田の停留場で他系統と顔を合せていた「荒川線」の電車

旧・王子電気軌道の路線が1942(昭和17)年2月の戦時交通調整によって都電ネットワークの一員に加わり、早稲田で進路がつながった。戦後は㉗系統(三ノ輪橋〜赤羽)、㉜系統(荒川車庫前〜早稲田)の系統番号で親しまれた。写真左が荒川線の㉜荒川車庫前行き、右が㊴早稲田〜厩橋(うまやばし)間の早稲田車庫所属車。どちらもここで逆方向に折返していた。他に⑮系統(高田馬場駅前〜茅場町)も当電停を通っていて、活気があった。◎早稲田　1968(昭和43)年8月11日　撮影：荻原二郎

早稲田
荒川車庫
ダンス
戸塚ダンス教室
6218
32

山下ルミコ（やました るみこ）

郷土史研究家。産経新聞社、サンケイリビング新聞社等の記事執筆を長年にわたり続ける。主な著書に『東武伊勢崎線・日光線 街と駅の1世紀』（彩流社）、『足立区 大人の歴史散歩』（リブロアルテ）、共著に『東京今昔散歩』（JTBパブリッシング）『東京メトロ東西線、都営地下鉄新宿線 街と駅の半世紀』（アルファベータブックス）など多数。

【写真提供】

荒川区（広報課・観光振興課・道路公園課・荒川遊園課）、荒川区立図書館「ゆいの森あらかわ」、荒川ふるさと文化館、あらかわもんじゃ学研究会、飛鳥山テラス、（有）石鍋商店、梅沢写真会館、梅の湯、王子扇屋、大田原市教育委員会、小川木材商店、梶原いろは亭、菓匠明美、（株）梶野園、Café & baru Tram、北区飛鳥山博物館、北区立中央図書館「北区の部屋」、切手の美術館、熊野前商店街振興組合、（株）コーセー、護国寺教化部、（株）サンシャインシティ、生活茶屋、雑司ヶ谷案内処、大松ベーカリー、竹隆庵岡埜、地元の絵葉書屋さん、寺島酒店、都電カフェ（藤田孝久）、東京交通局、東京書籍（株）、東京染ものがたり博物館（富田染工芸）、東京都下水道局（三河島水再生センター）、豊島区（文化観光課、郷土資料館）、七社神社、（株）日興エボナイト製造所、日本製紙総合開発（株）東京事業部、ぬりえ美術館、浜作もんじゃ会館、堀田勉強堂（堀田美智子）、（株）明治堂、三の輪銀座商店街振興組合、（株）みのりプロジェクト、南大塚都電沿線協議会、妙光寺、モリタヤ酒店（森田繁）

【写真撮影】

菊谷靖、長野隆、左右田大美、黒川徳男、藤田孝久、荻原二郎、長渡朗、矢崎康雄

【執筆協力】

三好好三（都電の見開き写真解説）、生田誠（地図解説）

都電荒川線　沿線ぶらり旅

2021年8月12日　第1刷発行

著　者　　山下ルミコ
発行人　　高山和彦
発行所　　株式会社フォト・パブリッシング
〒161-0032　東京都新宿区中落合2-12-26
TEL.03-6914-0121　FAX.03-5955-8101
発売元　　株式会社メディアパル（共同出版者・流通責任者）
〒162-0813　東京都新宿区東五軒町6-24
TEL.03-5261-1171　FAX.03-3235-4645
デザイン・DTP　古林茂春（STUDIO ESPACE）
印刷所　　株式会社シナノパブリッシング

ISBN 978-4-8021-3249-7 C0026E

本書内容についてのお問い合わせは、上記発行元「フォト・パブリッシング」編集部まで、書面（郵送またはファックス等）にてお願いいたします。